OFICIO DE HÉROE

NURIA SÁNCHEZ-GEY VALENZUELA

OFICIO DE HÉROE

EXLIBRIC

ANTEQUERA 2024

OFICIO DE HÉROE
© Nuria Sánchez-Gey Valenzuela
Diseño de portada: Dpto. de Diseño Gráfico Exlibric

Iª edición

© ExLibric, 2024.

Editado por: ExLibric
c/ Cueva de Viera, 2, Local 3
Centro Negocios CADI
29200 Antequera (Málaga)
Teléfono: 952 70 60 04
Fax: 952 84 55 03
Correo electrónico: exlibric@exlibric.com
Internet: www.exlibric.com

ISBN: 979-13-87528-58-4
Depósito Legal: MA 2983-2024

Impresión: PODiPrint
Impreso en Andalucía – España

Nota de la editorial: ExLibric pertenece a Innovación y Cualificación S. L.

NURIA SÁNCHEZ-GEY VALENZUELA

OFICIO DE HÉROE

Prólogo

Hola, ¿qué tal? Me alegro.

Este libro, como la mayoría de ellos, cuenta una historia, pero no es una historia al uso, porque no es ficción, no es inventada.

Cuesta trabajo creerlo, es la vida de una persona contemporánea. No nos habla de la posguerra ni de sucesos que están muy lejos en el tiempo. No, estamos hablando de un hombre joven, nacido en el año 83, que ha tenido que pasar por una serie de circunstancias que, a ojos de quienes tenemos una vida llamémosla normal, nos parece increíble.

Personalmente para mí, creo que ha superado obstáculos insalvables. Este hombre ha tenido que convivir con la enfermedad durante años, durante toda su vida. Todo el que enferma alguna vez tiene la esperanza de superar el padecimiento con un tratamiento adecuado. Afortunadamente no nos da tiempo a que cunda el desánimo, pero ¿qué ocurre cuando la enfermedad es nuestra compañera de vida, cuando permanentemente está a nuestro lado, cuando uno cree que el horizonte siempre será de color oscuro, cuando ve que otros enfermos con sus mismas dolencias ya no están? ¿Qué ocurre con la voluntad de seguir viviendo?

Yo soy de los que no sé si aguantaría. Dice una célebre frase que la vida no te mande lo que puedes aguantar. Un hombre que ha superado cinco trasplantes, con lo que esto supone, no es un hombre común. Un hombre que, ocurra lo que ocurra, consigue aguantar, consigue superarse y con un tono vital aceptable. Es digno de admiración.

Algunos hechos de mi vida y por añadidura este libro han hecho que me parara a pensar en lo afortunados que somos de poder contar con una sanidad como la que tenemos. En este país, tan criticado por tantas razones y algunas de ellas ciertas, asistimos a la evolución para la mejora de manera constante de la medicina y dentro de ella de los trasplantes. Este es un país que ha conseguido ser el número uno en trasplantes del mundo. Estamos hablando de España. De la medicina andaluza más concretamente. Se puede considerar todo un éxito, pero no podemos olvidar las dificultades de los trasplantes de persona muerta. No podemos pasar por alto la amargura de las personas que tienen que ir a someterse a diálisis durante tantas horas: un día sí y otro no. Y ese día, supuestamente libre, viven afectadas por los malestares del tratamiento.

Sin embargo, ahí están, en una sala de espera, soñando con un trasplante, con que sea compatible el donante, con que no se produzca un rechazo…

Hay mucha gente en lista de espera. El aviso puede llegar en cualquier momento y hay que estar preparado para una intervención quirúrgica muy complicada.

Antes tenía que morir una persona para utilizar sus órganos, ahora hemos avanzado y cabe la posibilidad del trasplante de vivo. Luis lo ha vivido en sus carnes. Su hermano mayor le ha donado uno de sus dos riñones, después de que su madre desesperada también pasara por lo mismo y no saliera bien.

A pesar de lo dramático de su experiencia, siguen creyendo.

Ya existe incluso la donación cruzada, no le puedo donar a mi hermano porque no somos compatibles, pero sí al hermano de alguien y ese alguien al mío. Este logro es toda una maravilla.

Existe un colectivo que trabaja por una sanidad mejor. Quiero darle las gracias. Mi deseo sería poder abrazarlos, mirarle a los ojos y trasladarles el agradecimiento y el respeto que por su labor me infunden. También quiero destacar a todos esos científicos. Su constancia salva vidas. Su tesón evita sufrimientos.

Mi padre fue médico. Creo tener cierta idea de lo que hablo. Ellos se llevan muchas veces los problemas de sus pacientes a casa. Durmiendo mal, viendo como se quedan personas por el camino. Esto para mí no tiene precio. No está pagado. Con nada. Ellos con su trabajo, como casi siempre vocacional, consiguen que la vida de sus pacientes sea la mejor posible.

Estoy muy agradecido por poder participar en este proyecto. Por la posibilidad de estar en este libro, porque me pongo del lado de las personas que nos devuelven felicidad a pesar de su sufrimiento. Que nos recuerdan lo valiosa que es la alegría de vivir. Que generan esperanza en todas aquellas criaturas que tienen que pasar por circunstancias similares.

Muchas gracias, Luis. A ti y a toda tu familia. Mi apoyo incondicional. Mi aliento de ánimo. Arrojáis luz sobre todos los que os contemplamos. Desde la admiración. Sobrecogidos. Pero esperanzados.

Un fuerte abrazo.

Juan y Medio

Introducción

La propuesta que se materializa en este libro me llegó como ahora llegan las comunicaciones importantes. Como aparecen en tu vida la convocatoria de un puesto de trabajo libre, las invitaciones a bodas, la noticia de un embarazo o cuánto ha pesado el pequeño al nacer y que la madre se encuentra bien. Esta ambiciosa propuesta aparecía en mi vida a través de las omnipresentes redes sociales. El tío de una amiga de la infancia se ponía en contacto conmigo porque un familiar suyo iba a escribirme. Todo hasta aquí podría parecer normal si no fuera porque la propuesta que me hacía no era una proposición que se pudiera calificar de corriente.

Me planteó escribir la historia de un compañero de diálisis, un chico que con 34 años ha vivido su quinto trasplante. «La vida de Luis tiene telita», añadió. Corría el mes de febrero, un mes que para la gente de Cádiz siempre tiene un color distinto, y ese no podía ser menos.

Pero esta propuesta podía haber quedado ahí, en un sueño de una persona que nunca llega hacerse realidad o una propuesta a una periodista de las muchas que no consiguen materializarse porque la vorágine de los horarios laborales de los reporteros de televisión hace imposible encontrar un hueco. Podría, pero no fue así. Si no llega a ser porque la primera vez que escuché la palabra diálisis, cuando era una niña y ni siquiera me había despojado aún del uniforme del colegio, cuando todavía me ocupaba de aprender matemáticas y no sabía que mi carrera sería de letras, la escuché en casa de esta amiga, su tío se dializaba, tenía problema en los riñones, su vida no era fácil, entraba y salía del hospital, siempre con ese color amarillento que a los niños no pasa desapercibido… Fue una de las primeras personas, que sin ser un abuelo con canas, nos dejaba. ¿Quién me iba a decir entonces que la enfermedad renal sería un miembro más de mi familia? Mi padre recibió un riñón en marzo de 2008, de un donante anónimo, ¿cómo podía decir que no a un proyecto así?

Fue así como *Oficio de héroe* fue cogiendo forma en mi cabeza, porque héroes son cada una de las personas que han formado parte de la vida de Luis. Los sanitarios que hace cuarenta año luchaban por mantener con vida a enfermos renales crónicos sin que existieran los medios adecuados, las familias que luchaban contra la enfermedad pesar de todas las dificultades, los enfermos que daban gracias cada día, porque había salido el sol aunque estuvieran atados a una máquina y a la cruda realidad del tratamiento de diálisis. Todos, cada uno de ellos, a su manera, para mí son héroes.

Luis

La primera vez que vi a Luis era Semana Santa. No olvidaré ese día. Me dijo que él se acercaba adonde fuera para conocernos y me pareció una buena predisposición inicial. Y no, no me equivocaba. Quedamos en mi pueblo. Le digo mi pueblo a San Fernando, en la provincia de Cádiz, aunque sea una ciudad con casi cien mil habitantes, pero le sigo llamando así por la connotación cariñosa que le imprime. San Fernando está a once kilómetros del pueblo de Luis. Inicialmente puede no ser un gran esfuerzo, pero Luis no conduce aunque tiene 34 años, es una de esas cosas que su enfermedad ha dejado en el tintero, pero ¿no pueden las personas con enfermedades de riñón o trasplantadas conducir? No, no es eso, pero poco a poco me di cuenta de que Luis ha invertido su fuerza en lo que era imprescindible para seguir… Y el resto quizás se ha quedado por el camino. Por eso tuvo que coger un autobús, que no sabía ni dónde paraba, a primera hora y a pesar del calor que ese día hacía.

Lo vi llegar y supe que era él. Me pareció que tenía más edad, que era mayor que yo, aun cuando le saco cuatro años, y rápidamente percibí en ese envejecimiento prematuro la crueldad del tratamiento diálisis, como los meses que permaneces enganchado a una máquina no pasan en balde, y que encima hay que dar gracias, porque esas máquinas que limpian tu sangre existen. No era la única huella de su enfermedad, también una leve cojera, pero completamente perceptible, le acompañaba. No me atreví a preguntar, sabía que detrás de ella habría una historia. Intenté disimular, aunque intuí que la charla no iba a ser fácil. Él consiguió que lo fuera.

Luis a simple vista es natural hasta la médula. Su pasado profesional alternando entre bares le ha dado ese aplomo para hablar de lo que sea con quién sea sin cortarse, sin cambiar su forma de expresarse, aunque inicialmente hubo algún usted que evidentemente tuve que reprimir, pero que también me adelantó en el siglo XXI sus orígenes familiares.

Inicialmente mencionamos muchas cosas, ninguna era ni el libro ni su vida, pero se notaba que a él le urgía contármelo todo y que eso no iba a ser una simple presentación. Me dio impreso su historial médico de 17 páginas, 17 folios de dolencias, infecciones, ingresos, operaciones fallidas… Con tan sólo 34 años, cuando supuestamente son los años de más salud y vitalidad, donde lo máximo es una apendicitis, operación de vegetaciones y algún hueso roto… A pesar de todo él lo resumió muy fácilmente:

—En febrero mi hermano me donó un riñón, es mi quinto trasplante, tengo todo el pecho lleno de cicatrices, es mi última oportunidad.

Y siguió, como si nada, como si de él no se tratase, como si no me hubiera comunicado lo más importante de su vida, continuó desayunando mis pastas de chocolate preferidas. A mí se me cortó el apetito.

La enfermedad renal, una gran desconocida.

Pasan las diez de la noche. En junio en Andalucía es a esa hora cuando la gente puede por fin salir de casa, aunque estos días una ola de calor hace que ni siquiera por la noche refresque. En la calle se nota un trasiego de personas despidiéndose. Se acaba el día festivo, mañana es lunes y se madruga. Es hora de recogerse. Cada uno se refugia en su casa, pero las ventanas siguen abiertas y es por ahí por donde se escucha lo que pasa en el interior. Mientras se termina de hacer la cena y se prepararan las cosas para el día siguiente, suena el programa más visto del domingo en la televisión autonómica…

—Si fallan los riñones no podemos vivir y unas de las causas de la enfermedad renal es el exceso de peso. Quiero que conozcáis el caso de una persona muy especial que lleva prácticamente toda la vida con riñones estropeados. Con el testimonio de Luis quiero que todo el mundo se dé cuenta de lo importante que es cuidarse —adelanta una de las expertas del programa.

Y vemos a Luis, quien lo conoce diría que nervioso, frente a cinco personas a las que explicar, en los complicados breves tiempos de los programas de televisión, una vida.

—Bueno, Luis, cuéntanos tu historia, tu historia de vida —prosigue la experta.

—Yo empecé desde chico con la enfermedad renal, ya con dos añitos entré en diálisis. Con siete años ya me habían trasplantado dos veces. Uno de ellos me duró quince días y el otro un mes… No me dieron ni el alta. Y después con 9 años me trasplanté y me duró casi veinte años —explica.

—¿Qué síntomas? ¿Qué notabas cuando empezaste a tener problemas de riñones? Lo que te cuentan tus padres…

—Pues dolores de cabeza, mucho picor en el cuerpo, hinchazón, la barriga un poco… Que no era normal y en 2011 mi madre me donó un riñón y me duró diez meses —prosigue Luis como si fuera lo más revelador de su historia.

—¿Cuántos años tienes, Luis?

—34.

—Y de los 34 años, ¿cuántos años crees que has pasado en diálisis?

—Si tengo 34 y me quito de en medio 20, pues 14.

Quizás muchos de los telespectadores no sepan lo que es estar en diálisis, pero seguro que casi ninguno sabe lo que han significado esos años para Luis. Solo él.

—Luis con 34 años ya te has sometido a cinco trasplantes y el último ha sido hace poco, ¿no? —añade la experta.

¡Cinco trasplantes! ¡Cinco órganos que han sido donados! ¡Cinco esperanzas, pero quiere decir que cuatro de ellas han quedado frustradas!

Luis responde:

—El último fue el uno de febrero por parte de mi hermano, de donante vivo también y por ahora estupendamente. Voy a revisiones cada 10 días, más o menos, y perfecto.

Al decir «perfecto», Luis hace un gesto casi inapreciable que parece que dice más bien todo lo contrario.

—¿Qué mensaje mandarías a la gente que tiene sus riñones bien y que puede perderlos por culpa de malos hábitos de vida?

—Pues que es importantísimo cuidarse, el riñón junto con el hígado son los dos filtros del cuerpo y son órganos vitales, igual que el corazón. Sin riñones no hay vida.

El origen de todo

Corrían los años setenta en Chiclana. Una época en la que la diferencia entre vivir en la capital de provincia, en la ciudad de la Pepa, de la Constitución de 1812, referente de las libertades, o a veinticinco kilómetros, en Chiclana de la Frontera, pueblo industrial escogido por los habitantes ricos de Cádiz como desahogo y quitapenas, era bien distinto. Pero en esta Chiclana vivía Antonia. Es más, tenía ya 14 años, esa edad en la que las niñas de por entonces se dedicaban a soñar, y ella lo hacía, mirando la calle a través la celosía de la ventana de casa de sus padres. Veía la gente pasar y su imaginación se desataba. Imaginaba a qué se dedicaría de mayor, cómo sería su vida, incluso qué amigas de la infancia seguirían con ella cuando envejeciera. Muchas veces su padre la despertaba de su ensoñación para decirle que estudiase, pero era difícil a esa edad y sobre todo cuando el cierro de la ventana era tan entretenido.

Frente a la casa de los padres de Antonia había una academia de mecanografía. El aprendizaje del futuro. Tener en casa una máquina de escribir era algo que poco a poco se iba haciendo habitual y aprender a utilizarla se consideraba una enseñanza imprescindible para acceder al mercado laboral. Así lo pensó Juan. Y se apuntó a clase. Cada día iba a aprender a escribir a máquina, se formaba para el futuro y compartía las tardes entre amigos, sin saber que a través de la ventana indiscreta Antonia seguía sus pasos.

Fueron meses en los que Antonia soñaba. Los meses se convirtieron en cinco años. Desde la sombra se enteró de quién era ese chico rubio, con quién paraba, a qué se dedicaba, incluso con las chicas con las que iba saliendo. No se fijó en ningún otro.

Era uno de junio, en unas fiestas, Antonia charlaba con unas amigas, cuando vio que el chico que tanto había escudriñado en sueño estaba también allí. Intentando disimular los nervios siguió hablando con sus amigas hasta que notó que se acercaba a ella… Ya nunca más se separaron.

Seis años después eran una pareja formal. A él le sirvieron los cursos de mecanografía y con 14 años ya consiguió un trabajo en la banca. Antonia estuvo tres cursos estudiando interna en el colegio para señoritas de la Compañía de María en un pueblo cercano, San Fernando, y, aunque la pareja solo se veía los fines de semana y en las fiestas, esto sirvió para reafirmar su amor.

Pero no todo fue fácil. Hubo baches. El padre de Antonia murió después de una larga enfermedad. Le venció el cáncer de pulmón. Su sueño de estudiar se esfumó. Era su padre el que siempre la apoyó para que se formara, pero cuatro hijos para una mujer viuda era mucho y, esto unido al *shock* que le supuso a Antonia la muerte de su padre, hizo que supiera que en esos difíciles momentos tenía que poner a su familia por delante. Solo sería la primera vez que lo hiciera.

Llevar seis años de relación y estar amueblando una casa juntos no era suficiente en los años setenta como para que no fuese escandaloso que una mujer se quedase embarazada sin haberse casado. Por eso la primera reacción de Juan y de Antonia al enterarse de la buena noticia fue de preocupación. La inquietud duró poco. Y no porque consiguieran acallar las conversaciones de las vecinas ni porque para las familias no fuese un disgusto, incluso una deshonra, sino porque Antonia siempre pensó que no podría tener hijos. Era un pensamiento que no se fundamentaba en ningún dato, nunca lo había intentado ni tenía ninguna enfermedad previa que lo hiciera pensar, su propia madre había podido tener cuatro hijos, pero siempre lo creyó. Quizás porque había jugado varias veces con el destino, quizás porque últimamente eran muchas las mujeres a su alrededor que lo habían intentado y no lo conseguían, con lo que significaba en esa época para una mujer ser yerma. Sea por lo que fuere, no podía estar triste por tener en sus entrañas el fruto de su amor con el rubio que tantos años había soñado.

Convirtieron lo gris en color. Amueblaron su casa, se casaron precipitadamente, como las circunstancias imponían, y esperaron felices la llegada de su primer hijo. En el grupo de amigos fue todo un acontecimiento. Eran los primeros que se quedaban embarazados y todos estaban como locos con los preparativos. Antonia tuvo un embarazo perfecto. Cogió muchos kilos, pero en esa época hasta era signo de salud: «Había que comer por dos». Un médico privado siguió el embarazo y el día del parto no hubo ningún tipo de complicación. A los tres días estaban los tres en casa. Juan Antonio estaba todo el día de brazo en brazo. Era el juguete de la pandilla. Parecía realmente que el sueño se había hecho realidad.

Y llegó el día

«Y de la noticia del día que anuncia que el juez decreta la busca y captura de José María Ruiz-Mateos por no haber comparecido a declarar, pasamos a otra. Esta vez nos llega del Campo de Gibraltar. La Asociación de Hemodiálisis localiza tres posibles casos de síndrome de inmunodeficiencia en Algeciras y Madrid…». Era la última noticia que se escuchaba en la radio del coche. Había ido puesta todo el camino de Chiclana a Cádiz porque se quedó así el día anterior, pero ninguno le había prestado atención. No tenían tiempo para ver en qué quedaba la actualidad del día. El ginecólogo al que visitaban hacía meses en consulta privada les había dicho que era mejor que la vieran en el hospital. No había tiempo que esperar.

Era once de mayo de 1983, por la mañana, a los dos años de nacer Juan Antonio decidieron ir a por el segundo, y no pudieron acertar más, fue buscarlo y conseguirlo. Ahora hacía dos años y nueve meses, y había llegado el día.

No podía ser otro día, que un día de huelga de los médicos. Mira que llevaban tiempo esperándolo, mira que hay días en el calendario, pero tuvo que ser ese miércoles. Antonia entró en el hospital Puerta del Mar de Cádiz todo lo tranquila que puede llegar una mujer embarazada a la que le han dicho que vaya sin falta al hospital. Rememoró la otra vez que atravesó también con una gran barriga esa misma puerta, estando de parto de su primogénito, aunque en esta ocasión era muy distinto, una cantinela se le repetía una y otra vez en la cabeza y aunque ella no quisiera hacerle caso no le dejaba estar en paz.

Desde que supo que estaba embarazada empezó a frecuentar a un ginecólogo privado en Cádiz. Acudían regularmente hasta la plaza Candelaria donde tenía su consulta, pero cuando ya habían pasado el ecuador de la gestación, cuando había cumplido lo seis meses, tras una de las ecografías el médico les dijo que todo estaba bien, pero que el niño tenía la vejiga llena. Parece que cualquier padre que entra en la consulta de un ginecólogo porque espera un bebé pierde los conocimientos previos, que todo lo que le dicen le suena a chino y cualquier gesto por normal que pueda parecer puede ser interpretado como «algo va mal». Echémosle las culpas a las hormonas, a la responsabilidad o quién sabe, pero parece que es algo generalizado. Sin embargo, solo pueden limitarse a preguntar:

—¿Qué significa eso?

Y eso es lo que hicieron. Pero no sirvió de mucho. La única respuesta que recibieron fue que no era nada importante, que no pasaba nada. Y así en cada una de las revisiones posteriores en las que nunca dejaron de preguntar. Si se lo comentaban a amigos y familiares, ninguno había escuchado nada así, y en esa época no había internet ni foros ni se estilaba buscar una segunda opinión facultativa. Así, que se fueron cumpliendo los meses, hasta que llegó ese once de mayo, el día del nacimiento.

El hospital era un caos. Médicos con pancartas, colas por todas partes, gente que se quejaba… Solo vieron a su ginecólogo el tiempo justo para decirle que le iban a provocar el parto. Ya no lo volvieron a ver. Aunque Antonia rompió aguas por la mañana hasta a las diez menos cuarto de la noche Luis no llegó, y eso que siempre dicen que el segundo es más rápido. Pero a ninguno le importaba. Ya estaba con ellos que era lo primordial. Bueno, ya había nacido, pero aún no lo habían visto. En esa época era lo normal, el pequeño se quedaba veinticuatro horas en observación y no lo subían a planta con los padres hasta que se cumplía ese plazo. Estaban tranquilos porque no les era nuevo. Lo sabían de cuando nació Juan Antonio. El niño había pesado cuatro kilos.

—Este niño ha nacido criado —intentaba bromear con Antonia su hermana Mari al notar que la cara de la recién parida estaba cambiando.

Y pasaban las horas y Antonia empezaba a pensar que algo no iba bien y bastó una palabra de preocupación para que Juan bajara a la tercera planta a preguntar. Los malos presagios se materializaron en un segundo, detrás del «todo está bien, no os preocupéis», les comunicaban que su hijo había sufrido en el parto y que había tragado un poco de líquido y lo iban a dejar en observación, pero que estaba bien. Y no pudieron hacer otra cosa que esperar, y pasaban los días y llegaban nuevas excusas, que si tenía infección de orina, que si las muestras de los análisis se habían contaminado y había que repetirlos. Todo les sonaba ya a evasivas, y cada vez que tenían todo preparado y recogido para irse a casa, con la bolsa en la mano, les decían que el niño tenía fiebre, que no se los podían llevar y volvían a sentirse derrotados. A los tres días, la madre ya fue dada de alta, por lo que los días se fueron complicando, entre dos ciudades y con otro niño pequeño.

La vida de Antonia y Juan se redujo al tiempo que pasaban con Luis en las dos visitas diarias que podían hacerle en el hospital. Una por la mañana, cuando el médico les solía contar las novedades, aunque eran más que escasas, y otra por la tarde. Lo tenían que ver a través de un frío cristal. Solo los padres a los que han separado de sus hijos después de nacer pueden entender la sensación de impotencia, de rabia, de dolor, que se puede vivir en ese pasillo. El consuelo de que es lo mejor para el pequeño dura unos días, pero así estuvieron cuatro meses. Pasó la primavera, llegó el verano y lo único que veían a través del cristal, de ese odiado cristal, era un niño que nació guapísimo, con los ojos muy grandes y abiertos, oscuros, con mucho pelo, muy moreno, y que se iba debilitando, apagando, por día. Veían que los niños iban cogiendo peso y se marchaban y otros llegaban, pero Luis siempre estaba allí y sin que nadie les llegara a aclarar exactamente por qué.

Tenían el corazón hecho pedazos por el dolor que les ocasionaba no poder tener a Luis y porque sentían que se estaban perdiendo la infancia de Juan Antonio por estar detrás de una ventana a través de la que Luis ni siquiera notaba que sus padres estaban allí, que no lo dejaban un solo día.

Habían pasado dos meses y por fin una buena noticia, aunque no tuviera que ver con Luis. La hermana de Antonia, Mari, se había puesto de parto. En ese momento solo pudo hacer un repaso mental de cómo habían vivido sus buenas nuevas en paralelo; el día en que la una le contó a la otra que estaba embarazada, los consejos que se habían dado estos meses, cómo Mari se quejaba de las incomodidades del embarazo y cómo Antonia todo lo veía por el lado positivo, cómo prepararon las canastillas, cómo soñaban despiertas con el día del parto, la ilusión que ambas compartían… Llevaban juntas toda la vida y sus barrigas fueron creciendo a la vez. Pero qué distinto había sido el final. Mari se puso de parto, no hubo ningún tipo de complicación, coincidieron hasta en el mismo hospital, quizás usaron la misma camilla, pero a los dos días ya estaba saliendo hacia casa con su hijo en brazos, aunque no podía estar contenta. ¿Cómo sonreír con lo que estaba pasando su hermana y su cuñado? Su parto solo le hacía reafirmarse en que lo que le estaba pasando a su sobrino no era normal, que algo más de lo que sabían tenía que haber.

Y llegó el día que Antonia no pudo más. Se acercó al cristal de sus pesadillas y vio a su hijo peor que nunca. Su hermosa mata de pelo, la había perdido por trozos, tenía como calvas, le recordó a esas imágenes que llegan desde países del tercer mundo en Navidad para que nuestro corazón se abra y los donativos económicos sean mayores. Pero no, esa vez la imagen que encontraba tras el cristal era de su Luis. Entró en *shock*. Rápidamente buscó a una enfermera que le explicó que como le estaban pinchando tanto los doctores habían decidido ponerle una vía en la cabeza para poder suministrarle la medicación. ¡Cómo algo que era bueno para él le podía dejar tan mal! Y así continuaron, hasta que le raparon toda la cabecita. Mirarlo solo podía despertar un sentimiento de pena que su familia no podía soportar, tanto es así que Antonia se armó de valor y decidió hablar con sus médicos. Tenía que decirles cómo se sentía y buscar una solución a su impotencia.

—Doctor, no puedo más, no sé si puede entender lo que siento. Confío en el equipo y sé que estarán haciendo todo lo posible para que mi hijo mejore, pero es que veo a las mujeres entrar embarazadas y salir con su hijo en los brazos y nosotros seguimos aquí. Tengo a mi hijo que tiene dos años abandonado y en brazos de mi familia, porque creo que mi sitio ahora está aquí, pero ¿cómo saber si estoy haciendo bien si Luis ni siquiera se entera de que su padre y yo venimos dos veces al día desde Chiclana para estar con él? Queremos lo mejor para nuestro hijo, pero seguro que tiene que haber algo más que podamos hacer que pasar los días impotentes ante esa ventana.

Le salió de dentro, sin haberlo ensayado, con lo que a ella en esa fecha le imponían los médicos, nunca pensó que fuera capaz de decir algo así, pero lo hizo y fue con dulzura y desesperación no como imposición ni poniendo en duda el trabajo de los facultativos. Habló simplemente como madre. El doctor calló, la miró y le dijo que pensaría algo.

En la visita de la tarde, la enfermera le dijo a Antonia que ponía traspasar el cristal. Algo que deseaba tanto como miedo le daba.

—¿Seguro que puedo? ¿Seguro que no es malo para él?

No dejaba de repetirlo, mientras sus pies avanzaban hasta el pequeño nido dónde se encontraba su hijo, ese al que había deseado desde antes de concebirlo, ese que no se le iba ni un segundo de la cabeza.

—Siéntese, se lo voy a poner sobre el pecho, para que escuche su corazón es la mejor manera de que la sienta cerca —le dijo la enfermera.

Así permaneció toda la visita Antonia, sin moverse y sin poder controlar las lágrimas que le caían por las mejillas, pero sonriendo y sin dejar de hablarle a Luis y hacerle referencias a Juan que seguía de pie, al otro lado de la ventana. Y cuando tuvo que dejarlo el niño se resistió, incluso lloriqueó un poco, pero ella le dijo hasta mañana y se marchó feliz. Solo notó que tenía todo el brazo dormido cuando se derrumbó en los brazos de Juan al otro lado del cristal. Pero no dejó de sonreír.

A partir de entonces, las visitas pasaron de ser angustiosas a ser el mejor momento del día. Antonia se llevaba ropita, los mejores vestidos que tenía y cambiaba a su hijo, le hablaba, lo veía sonreír, incluso notaba como reconocía su olor al llegar y al marcharse. Se convirtió en su hora de jugar a los muñecos. Eso le dio fuerzas, pero sin ignorar que los días pasaban y que Luis no evolucionaba mucho. Y aunque ya sabían que lo que les mantenía en el hospital eran sus continuas infecciones de orina, no se sabía ni qué las producía ni por qué mejoraba un poco y rápidamente de nuevo recaía. Cada vez que le decían que le iban a dar el alta por la mejoría y recogían todo para irse a casa, con la maletita ya preparada les decían que había empeorado y que no se podían marchar. Esa montaña rusa de sentimientos era insoportable. Hablaron con todos los médicos, les preguntaron si había algún tratamiento alternativo o si se podía buscar alguna otra opción y por primera vez se expuso la posibilidad de ir a Sevilla.

Se acababa el verano, regresaron los médicos de las vacaciones. Afortunadamente uno de los que no había estado en verano revisó con detenimiento el historial de Luis, pidió que se le repitieran un par de pruebas para confirmar lo que pensaba, que al parecer era más que evidente, y lo vio claro. Ese niño tenía que estar inmediatamente en Sevilla, era su única opción. Fue el único que adelantó que al parecer esas infecciones podían tener que ver con los riñones, porque en los resultados comprobó que era como si Luis no tuviera riñones, los tenía, pero atrofiados. ¡Cómo es posible que nadie hasta entonces se hubiese dado cuenta! A pesar de lo que suponía saber que el pequeño podía tener problemas renales, para ellos fue una leve satisfacción, tener una posibilidad de avanzar, poder buscar un tratamiento, imaginar una salida… Aunque la palabra Sevilla para ellos, que solo habían salido de Chiclana para contadas excursiones, era un mundo. Pero nada era demasiado para conseguir que Luis mejorase. Habían pedido una posibilidad y se la presentaban. No había más que hablar.

El tratamiento en Sevilla

Escucho muy de lejos la alarma del despertador y noto que un rayo de sol entra por un hueco de la persiana. A esta hora no debería estar entrando la luz así y es cuando me doy cuenta y me entra el pánico; me he quedado dormida. El pequeño no me ha dejado dormir en toda la noche, eso unido a que desde que salí del hospital no he dejado de pensar en el niño que nos han derivado desde Cádiz, no he pegado ojo en toda la noche. Nunca es lo mismo ver los datos en un papel, leer el historial de una persona, por duro que sea, que ponerle cara y voz a la historia que hay detrás.

Sé que nunca me acostumbraré. Hay cosas a las que, a pesar de los años, nunca se te hace el cuerpo, y quizás es bueno no acostumbrarse. Creo que este dolor me hace involucrarme más y, si eso sirve para estar más despierta y que no se me pase nada importante, bienvenido sea. Pero ahí voy, tarde hacia el hospital, con la mirada del pequeño grabada, ¿cómo un niño tan pequeño puede trasmitir tanta vida, tanta alegría, estando tan malito por dentro? Es llamativo, porque otros niños vienen tan agotados que ni sonreír pueden, pero él no, no ha dejado de sonreírme todo el tiempo mientras Ana hablaba, completamente ajeno a lo que estaban escuchando sus padres.

Estos casos siempre me recuerdan por qué terminé en esta especialidad. Como nunca me importó que en España no esté reconocida la especialidad de nefrología pediátrica, pero como me apasioné con ella ya cuando era residente. Evidentemente si mi hijo José Luis al nacer no hubiese tenido esas complicaciones renales a lo mejor nunca me hubiera sensibilizado tanto y a saber a qué me habría dedicado. Pero me gusta recordar en días difíciles como el de ayer, lo gratificante que es para un médico la esperanza del trasplante. Quizá hace cinco años —antes de ese primer trasplante de adulto en Sevilla—, la cosa sería muy diferente, pero saber que una enfermedad, por la que hace muy poco tiempo el paciente era desahuciado, ahora se le presenta a la familia con la esperanza de que hay múltiples opciones, te da esa fuerza necesaria ante un hecho tan grave para un niño tan pequeño, ¡si aún no ha cumplido los cinco meses! Es normal que los padres estuvieran destrozados al saber que su hijo sufría una enfermedad crónica renal. Las ojeras no las podían esconder, y aunque la madre tuviera la cara de perdida, como de ida, entiendo que era por no querer confirmar sus peores presagios. El padre parecía menos consciente de lo que Ana le explicaba, pero la fuerza con la que le cogía la mano a su mujer lo demostraba todo. No todas las parejas después de casi cinco meses de padecimiento muestran tanta unión en público, es más, casi ninguna, y si supieran lo importante que es esta complicidad en la enfermedad, mucho más que los fármacos. Pero quizás lo que más me sorprendió además de la actitud de vida del pequeño, fue como su madre se fue con una sonrisa en la cara. ¡Cómo es posible! ¿Cómo no se derrumbó y lloró? Es lo que hubiésemos hecho cualquiera. Y al ver Luis que ella sonreía, él también sonrió. El efecto contagioso de la sonrisa.

Por fin conseguí llegar al hospital, al entrar para dejar el bolso y coger la bata, vi a Ana sentada en la consulta, no era normal que estuviera allí a esa hora, leía algo.

—No puedo entenderlo, no puedo comprender que durante varios meses un ginecólogo privado estuviera viendo a esta mujer, en las ecografías viese que había algo extraño y no lo advierta ni tome ninguna medida. No puedo asegurar que el resultado hubiera sido otro, pero quién sabe. ¿Y estos cuatro meses? ¿Qué hacemos de estos cuatro meses de infecciones continuas, de degeneración de la función renal y el deterioro que esto conlleva en el resto de los órganos? ¿Qué podemos hacer para que esto no vuelva a pasar?

Estaba claro que no era la única que había pasado mala noche ni a la única que se le había quedado grabada esa familia.

Había que seguir, en este momento teníamos, nada más y nada menos, que veinticinco niños de toda Andalucía en diálisis. No podíamos pararnos a lamentarnos de lo que se había hecho mal. Había que pensar en cómo conseguir hacer bien lo siguiente a pesar de lo nuevo que era todo en nefrología, en diálisis, en los trasplantes…. Observar, estudiar, comparar, analizar, ver evoluciones, resultados…Y todo estaba en nuestras manos. La vida de esos niños estaba en nuestras manos. No, no había tiempo para lamentarse, había que seguir.

Vivir entre Cádiz y Sevilla

Por fin había un diagnóstico, por duro que fuera, y un tratamiento, una dieta, unos cuidados… Y los padres de Luis decidieron que no había tiempo para pararse a lamentarse. La vida continuaba y ellos tenían que seguirla. No había otra opción. Los especialistas de Sevilla les habían dado unas pautas y tenían que regresar a consulta en un mes… No se cumplió el plazo. A las dos semanas Luis tenía de nuevo fiebre alta. Sabían que no iba a ser cuestión de un día, porque ya por desgracia tenían experiencia previa, sabían que, cuando llegaran, tendrían que hacer analíticas, cultivos, suministrar fármacos, dieran resultados o no, probar con otros si estos no servían… Todo se iba a repetir, pero a 130 kilómetros de casa y debían organizarse. Juan podía pedir el día libre para llevarles, pero no podía ausentarse más tiempo del trabajo, no podían arriesgarse a perder su puesto, ahora menos que nunca, con los dos niños y los gastos que iba a conllevar que Luis fuese tratado en Sevilla. Mejor ni pensarlo. Pero si Antonia se iba con Luis a Sevilla, Juan no podía encargarse solo de Juan Antonio. Aún no había cumplido los tres años. Había que pedir ayuda a la familia.

La madre de Antonia hubiera sido la primera opción, pero, por desgracia, en su familia la enfermedad de Luis no era el único problema de salud. Uno de los hermanos de Antonia también estaba enfermo y requería del cuidado continuo su madre. La hermana de Antonia tampoco podía, tenía un hijo de la misma edad que Luis. Además tenía que ayudar a su madre con su hermano, ya que evidentemente con Antonia no se podía contar para eso. La siguiente opción era la familia de Juan encabezada también por su madre, la abuela Carmen.

Le contaron el problema y ella se trasladó a la casa de la familia. Juan Antonio estaría cuidado, no extrañaría y además Juan estaría acompañado cuando volviera del trabajo. En ese momento no quisieron pensar que no se trataba de una medida provisional, aunque todos lo sabían y el tiempo corroboraría sus sospechas, la abuela Carmen se convirtió en un punto fundamental de apoyo para todos los miembros de la familia.

Juan llevó a Antonia y a Luis hasta Sevilla. Más de dos horas de carretera, pero no quisieron hablar mucho. Sabían que una nueva vida empezaba en ese momento y que no sería nada fácil, pero verbalizarlo no servía para nada. Juan sabía que Antonia se iba a llevar la peor parte, pero no había otra opción. Incluso llegaron a pensar en que Juan pidiera el traslado Sevilla, pero ¿eso solucionaba el problema? ¿Querían estar lejos de la familia en esos momentos, cuando más la necesitaban? Juan tuvo que dejar a Antonia, con su pequeño niño en brazos en ese frío pasillo de hospital, y lo tuvo que hacer sonriendo, animándola:

—Si el viernes no os han dado el alta, nada más salir del trabajo me vengo para acá y nos vamos a dar un paseo hasta el campo del Betis. Verás qué bonito es. ¿Verdad, campeón, que nosotros somos béticos? —le decía Juan a Luis mientras el pequeño le agarraba con fuerza su dedo pulgar.

Juan le besó en la frente, notando el calor de la fiebre, y dulcemente a su mujer en los labios. Bastó girar la cabeza para que, a pesar de su sonrisa forzada, le rodaran las lágrimas por las mejillas. Muchas veces más tendría que vivir esa escena, o alguna muy semejante, pero esa vez sintió que algo se le rompía por dentro para siempre.

Antonia vio cómo Juan se alejaba, y sin perder un momento llamó con cuidado a la puerta de la consulta.

—Os estábamos esperando. Vamos hacerle unas analíticas rápidamente a Luis, y mientras vamos a cogerle una vía y le vamos a poner un antibiótico de amplio espectro, a ver si tenemos suerte y conseguimos que remita la infección y la fiebre —le explicó la doctora Ana muy diligente nada más verlos.

Parecía que todo iba a ser rutinario, un ingreso más. Todavía se preguntaban si había que estar en Sevilla si el tratamiento iba a ser prácticamente el mismo. No tardaron en encontrar la respuesta. El segundo día de ingreso Antonia notó que algo no iba bien. Luis sufrió una crisis. Nunca lo había visto tan mal. Su cuerpo empezó a sufrir convulsiones. Ella solo podía gritar pidiendo ayuda. Las enfermeras no tardaron en llegar.

—Antonia, saben lo que hacen, déjalas actuar —le dijo una de ellas al ver que Antonia no quería soltar la mano temblorosa de su pequeño.

—Nos lo llevamos —dijo otra.

Fueron los minutos más largos que nunca había vivido. Fueron a buscarla cuando Luis estaba estabilizado. Antonia supo que su hijo estaba fuera de peligro y se echó a llorar.

Tras ese ataque, similar a un ataque de epilepsia, en el que las convulsiones afectan al cerebro, su pequeño, su Luis, había sufrido una parada cardiorrespiratoria de cuatro minutos y consiguieron devolverle a la vida gracias a maniobras de reanimación.

No sé cuántos días pasaron en el hospital esa vez. La cuestión es que pasaban más tiempo ingresado que fuera. No se paraban a pensarlo, no hacían cuentas, pero los meses pasaban. La abuela Carmen se instaló en la vivienda, hacía más de madre de Juan Antonio que la propia Antonia… y dando gracias. Eso sí, los pocos días que Luis estaba bien los aprovechaban al máximo, no había fiesta, comida o evento al que la familia faltase. Exprimían los minutos, para cuando esos les faltasen.

Pero llegó el momento que más temían. Las doctoras se lo comunicaron desde el primer día, pero nunca se quiere pensar en que llegará. Las analíticas indicaban que Luis no podía proseguir sin la función de sus riñones. «Su cuerpo se está contaminando poco a poco», escuchó explicar a una de las madres de otro de los niños de la unidad a alguien al otro lado de teléfono. No había otra opción. Luis tenía que entrar en diálisis.

Llevaban casi dos años no queriendo enterase exactamente de qué era esa desconocida palabra, esa técnica revolucionaria que salvaba la vida de personas como Luis, enfermas de los riñones. Los médicos hablaban de ella como un milagro de la ciencia, las madres hablaban como la peor de las ataduras, pero la única soga a la que todas accedían, y hablo en femenino porque eran las madres —menos en casos muy excepcionales— las que se encargaban del cuidado de los niños durante este tratamiento. Y la aceptaban porque veían a sus hijos cada vez peor, Antonia también lo había notado. Su Luis, un niño siempre risueño, con esos ojos negros tan vitalistas a pesar de todo, se estaba apagando. Acababa de cumplir dos años. Con esa edad Juan Antonio ya hablaba, incluso se peleaba con los otros niños en la plazuela para que no cogieran sus juguetes, no era de los más altos, pero tampoco pasaba por bajito y tenía muerta a Antonia de correr detrás de él. Su madre que en ese momento estaba en el primer mes de embarazo de Luis. Pero ahora todo era distinto.

Luis buscaba la forma de alcanzar las cosas sin tener que hacer muchos esfuerzos, se pasaba los días sin reír, sólo sonreía levemente cuando miraba a su madre, como si desde tan pequeño supiera qué hacer para no preocuparla, cuando venía a verlo su primo, solo dos meses mayor que él, parecía que se llevaban más de un año… Todos lo notaban, aunque no quisieran hablarlo, era un silencio a gritos y por eso las madres sabían que había llegado el momento. Aunque fueran los médicos quienes lo comunicaron, para ninguna era una sorpresa. Lo habían visto en las anteriores y ahora les tocaba.

No conocían a nadie cercano que tuviera problemas de riñones y mucho menos de la edad de Luis. Es más, cuando hablaban de la enfermedad la mayoría de la sus conocidos se sorprendían y aunque intentaban disimular no podía evitar reflejar una gran preocupación. Muchos no se atrevían a preguntar si el diagnóstico era letal. Tampoco ellos hubieran sabido qué contestarles. En sus cabezas solo había dudas: ¿qué es la diálisis? ¿Quién la hace? ¿Cuánto tiempo tarda? ¿Cómo afectará a Luis y a nuestras vidas? ¿A Luis le dolerá? ¿El tratamiento ya es para siempre? ¿Cuánto tiempo puede estar una persona en diálisis si no llega un riñón? ¿Cuánto tarda en haber un riñón para una persona enferma? Y cuando lo consigamos, ¿qué pasa después? Infinidad de preguntas sin respuestas. Así que decidieron ir poco a poco. Los profesionales les irían contando y, poco a poco, irían viendo.

Decidieron vivir en lugar de pensar.

La enfermera Charo[1]
y el inicio de la diálisis

Yo solo tenía 40 años cuando me asignaron al hospital infantil, pero creo que ya había vivido los peores momentos de ser enfermera.

Llegué al Virgen del Rocío con 22 años, en los años setenta, acaba de terminar mi formación, pero creía que lo sabía todo sobre enfermería y quería ayudar a salvar vidas. ¿Quién termina los estudios de enfermería sin esa utópica ilusión? Empecé trabajando con adultos con enfermedades renales. Prácticamente toda mi vida la he pasado cerca de personas que tienen problemas en los riñones, así que sé perfectamente lo que supone a nivel médico y, sobre todo, a nivel personal.

Al principio no existía la hemodiálisis. Ahora se ha convertido en la técnica más extendida, pero en los inicios, si una persona estaba muy grave porque sus riñones no filtraban su sangre, era tratada con diálisis peritoneal. ¿Qué diferencia hay entre estos dos métodos? Yo en ese momento no tenía ni idea, todo me sonaba a chino porque era tan nuevo que ni en las escuelas de enfermería se explicaba claramente. Poco a poco me fui enterando de

---

[1] La enfermera Charo se jubiló después de 43 años entregada en cuerpo y alma a su labor en el Hospital Virgen del Rocío de Sevilla.

que la diálisis peritoneal es un procedimiento que permite depurar líquidos, es decir limpiar la sangre que no limpian los riñones, para ello se utiliza como filtro el peritoneo, que es una membrana natural que tiene nuestro cuerpo. Se introduce por el peritoneo, a través de un tubito, un líquido que limpia.

Inicialmente no se era consciente de que esta limpieza tenía que ser continua, por lo que limpiábamos al paciente, lo mandábamos a casa y luego volvía. Pero pronto se observó que la limpieza tenía que ser continua. Así que intentamos mejorar la técnica. Los pacientes tenían que tener en su cuerpo un tubo de acceso o catéter, para ello necesitaban pasar por una cirugía menor. Para la colocación de este catéter pasaban setenta y dos horas en la unidad de cuidados intensivos. Podían recibir una media de 19 pinchazos, es decir, solo se podían limpiar 19 veces. ¿Qué quiere decir esto? Que desde que iniciaban su tratamiento con esta técnica empezaba también su cuenta atrás. Esta era la cruda realidad y lo sabían los pacientes, sus familiares y nosotros, los profesionales médicos que les tratábamos.

Fue de las épocas más dura que profesionalmente he vivido. Era joven, quería salvar gente no verla morir. Además fue un periodo en el que nos llegaban a la unidad muchas mujeres jóvenes con problemas renales derivadas del infantil. Cada una con su nombre, con su marido y con hijos a los que dejaban. Era demasiado cruel. Y no encontrábamos solución. Observábamos, intentábamos ver qué podía fallar, buscábamos probar variaciones para que esos 19 pinchazos se prolongaran. El 19 se convirtió en el número más odiado. No lo conseguíamos. Era imposible. Los pacientes se nos iban en nuestras propias manos.

Dicen que los primeros años de profesión nunca se olvidan, que son los que más empatizas con los pacientes, con los familiares, que después aprendes a no involucrarte tanto o por lo menos a poder separar, yo tuve 43 años de carrera para conseguirlo, pero no lo logré. Lo que sí es cierto es que nunca se me olvidaran esos primeros nombres, esas primeras caras, la alegría mezclada con terror de entrar en diálisis, los temores del pinchazo 17, la angustia del 18 y la resignación y dolor del 19… Es imposible de olvidar.

Pero gracias a esos primeros pacientes y también —por qué no decirlo— a los profesionales que nos dejamos el alma esos años, las técnicas fueron mejorando.

Y llegó la hemodiálisis como avance de la diálisis peritoneal. Con la peritoneal hay que acceder al peritoneo, una zona del organismo muy sensible y teniendo en cuenta que los pacientes con fallo renal tienen un sistema inmune muy deprimido, es decir, con poca resistencia, las infecciones eran muy frecuentes y mortales. Había que buscar otra vía de entrada. Y así fue como se introdujo la hemodiálisis.

Esta nueva técnica liberaba al peritoneo. La hemodiálisis como bien indica su nombre consiste en trabajar con la hemo, con la sangre. Esta terapia permitía extraer la sangre del organismo por un acceso vascular y llevarla hasta un filtro por el cual la sangre pasa y se limpia. Una vez filtrada la sangre vuelve limpia al cuerpo.

Pero todo no iba a ser coser y cantar. ¿Cuál era el problema de esta técnica? Pues que para dializar a los pacientes hacían falta unas máquinas que eran muy costosas. Inicialmente solo teníamos tres máquinas. Con estos tres aparatos se dializaban seis pacientes al día, tres en el turno de mañana y tres en el de tarde, y al ser el tratamiento necesario en días alternos estamos hablando de doce personas. En esa época los que trabajábamos en esa unidad nos convertimos casi en dioses, pero en el lado negativo de la palabra. Teníamos que decidir con los historiales médicos por delante quiénes serían esas doce personas. Nunca era fácil. ¿Por qué una persona joven tenía más derecho que una mayor? ¿Por qué una mujer sin hijos menos que una que sí los tenía? ¿O un hombre casado más que uno soltero? Pero había que decidir y en igualdad de criterios médicos había que utilizar otros parámetros. Los que no eran tocados con nuestra barita de la suerte, quedaban desahuciados, así triste y llanamente. Quizás en ese momento no éramos tan conscientes o no lo queríamos ser. ¿Cómo explicas a unos familiares desesperados que sí, que es cierto que existe una técnica que podría alargar la vida de esa persona a la que tanto quieren, pero que ya el cupo está lleno? Fueron años muy duros.

Pero a veces aparecían en el inhumano camino pequeños ángeles para impulsarnos. En esta época de tantas dudas, donde avanzaba la ciencia, pero a nosotros nos parecía que no al ritmo en que debería mejorar para poder dar una respuesta a tantos enfermos renales, hubo un paciente que valió por unos cuantos, y os cuento por qué.

Se trababa del familiar de un empresario sevillano que había fundado en 1940 —poco después de la guerra— una empresa familiar dedicada a la fabricación y comercialización de productos de lavado, cuidado de la ropa y limpieza del hogar. Con esfuerzo, trabajo y tesón consiguió posicionarse y se convirtió en una de las empresas de referencia de Sevilla con un importante número de empleados. Este empresario, Eustasio de los Santos Piazza, junto con su hermano Francisco y otro socio, Francisco García Lorenzo, crearon la empresa Persán, que años después llegó a tener una facturación de unos 300 millones de euros, dar empleo a más 450 personas y sus productos estrella, la pastilla de jabón Flota y, posteriormente, Puntomatic, fueron conocidos a nivel nacional. Eustasio se convirtió en protagonista de esta parte de la historia renal por su cuñado, Joaquín Romero Domínguez. Él también trabajaba en la empresa, tenía 40 años y dos hijos. Un día corriente de verano estaba con su familia en la playa y empezó a encontrarse mal. Algunos lo achacaron al exceso de trabajo, se cansaba mucho, llamó a un médico amigo suyo y, cuando le comentó los síntomas, rápidamente pensó en problemas de riñón, pero no quiso adelantarse y le pidió que se hiciera unas analíticas. El diagnóstico fue claro. Sufría de insuficiencia renal y esta iría en aumento. Un sobrino de Joaquín era médico, además de ser profesor en la Universidad dirigía el hospital de Badajoz. Era un médico con muy buena fama y quisieron pedirle una segunda opinión, pero fue la misma. Nunca antes había escuchado hablar de la palabra diálisis ni él ni su mujer, Loli, era algo tan nuevo que les parecía ciencia ficción cuando escuchaban que tenía que conectarse a una máquina que haría la función de sus riñones para limpiarle la sangre, o algo así le expliqué para que les pareciera más fácil y cercano.

En ese momento solo había diez máquinas para toda Andalucía. Hasta nuestro hospital se desplazaban personas de Córdoba, Granada, de los puntos más dispares, y también de Badajoz, porque el tratamiento solo se ofrecía en Sevilla. Era una enfermedad tan nueva y, sobre todo, requería de un tratamiento tan poco conocido que, cuando acudieron al médico de cabecera, él nunca había escuchado tampoco hablar de la diálisis ni de que se pudiera tratar en su propia ciudad. Loli tuvo que pedir permiso para que el doctor les acompañara al hospital y también se le explicara la enfermedad de su marido y sobre todo el tratamiento al que se enfrentaba.

La diálisis duraba entonces nada más y nada menos que diez horas. Y además el paciente requería que hubiese una persona con él mientras se le realizaba. Fue por eso por lo que el jefe de nefrología, don Julián Mateo, nos propuso a las enfermeras la idea de que formásemos a los familiares de los pacientes, casi en su mayoría madres y esposas, para que fueran ellas las que se hicieran cargo durante ese largo periodo. No encontraban otra opción. No fue fácil porque había personas de todo tipo, con más o menos formación, con mayor o menor disponibilidad y sobre todo con mayores o menores actitudes para tratar a un paciente, pero no quedaba otra solución.

Cuando se lo explicamos a Loli le pareció una broma de mal gusto. Ella había trabajado en astilleros en contabilidad hasta que se casó, nada que ver con el olor a hospital que dejaban los líquidos que necesitaba su marido. Nunca había visto una aguja si no era la de coser y tener que pincharle a su marido en el brazo para su hemodiálisis le parecía algo imposible, no se veía capacitada para ello. Empezaron a formarse entre ocho y diez mujeres, pero ella tenía una doble motivación. Un día nos llegó contando que el cuñado de su marido se había enterado de que había unas máquinas que tenían la misma función que la de hemodiálisis, pero que se podía usar fuera del hospital y que no había que pinchar al paciente. Loli había escuchado hablar por tanto de las máquinas de diálisis peritoneal que en el hospital solo teníamos en la unidad de cuidados intensivos y para casos muy concretos. Nos explicó que la empresa de este familiar suyo se había ofrecido a comprarla para Joaquín en Estados Unidos, a pesar de su alto precio. La instalarían en una habitación en la empresa y por eso ella tenía que aprender su funcionamiento para cuando llegara. Esto la motivaba y por eso se abrió a aprender, aunque realmente lo pasaba muy mal, no sólo por su marido sino porque no le gustaba nada de lo que tuviera que ver con estar en un hospital.

Inicialmente Joaquín empezó a recibir la hemodiálisis, no podía esperar ni a que su cuñado consiguiera el dinero para comprar la máquina ni a que llegara de Estados Unidos ni siquiera a que su mujer aprendiera el tratamiento. El tiempo corría en su contra. Cada enfermo estaba en una habitación porque, al tener que permanecer diez horas conectados a la máquina, no lo soportaban sentados, tenían que estar echados, cada uno en su cama y con una persona exclusivamente a su cuidado. Allí estaban Loli y Joaquín, entre cuatro paredes con olor a desinfectante y a enfermedad. No era una técnica sin efectos secundarios, a muchos les sentaba mal a otros simplemente les entraba pánico.

—Don Julián, cuando mete la aguja, que como ve es gordísima, cierra los ojos —le decía Joaquín señalando lo mal que lo pasaba su mujer a pesar de que iba avanzando.

Para ella, como para el resto de las cuidadoras, no era una experiencia fácil. Recuerdo que al principio cuando se les enseñaba la técnica estábamos las enfermeras y los médicos e íbamos explicando cada paso.

—Mira, esto se pone así, esto se tiene que rellenar de líquido, después se pincha y entra la sangre.

En ese momento, Loli preguntó:

—¿Y esos cables colorados? Esos no están en mi máquina.

—Esa es la sangre de su marido.

Hasta ese punto llegaba la inexperiencia de las cuidadoras. Era todo tan rudimentario que cuando pasaban las diez horas Loli no tenía fuerzas ni para irse a casa y se quedaba a dormir en el hospital. Tenían dos hijos pequeños, ¿cómo podía después de tantas horas irse a casa y atenderlos? Afortunadamente contaban con sus padres en Sevilla y se encargaban de los niños. Compraron una cama de esas que se recogían, muy moderna en la época, y allí dormían los niños. Se les explicó lo mejor que se pudo la enfermedad de su padre e iban a visitarlo. Recuerdo que el niño decía que de mayor iba a ser médico, pero no porque quisiera cuidar a su padre sino porque él veía que allí había mucha gente con bata blanca de arriba para abajo y no les veía con mucho trabajo, decía. ¡Hasta dónde puede llegar al ingenuidad en la infancia!

Además, Joaquín se pasaba más tiempo ingresado que en casa por las diversas complicaciones derivadas de la enfermedad y la diálisis. Cuando en alguna ocasión le decíamos a Loli que se fuera a casa a ducharse y se quedase esa noche con sus hijos que nosotras nos encargábamos, daba mil rodeos y le costaba marcharse. Cuando al día siguiente regresaba decía que no había pasado buena noche porque le habían dado calambres en las piernas. Todo por la poca costumbre que tenía de estar tendida en una cama.

Cuatro años estuvo Joaquín en diálisis, casi sin salir del hospital. Los dos pasaron ingresados días festivos, Navidades… Recuerdo que para hacer más llevaderas las horas en el hospital, como los dos eran de la agrupación de teatro Álvarez Quintero leían obras y las representaban. No había televisión, las horas eran muy largas, y ellos se sabían escenas de memoria y hacían los pasajes.

Era una pareja que lo pasó muy mal, pero que nunca se vino abajo. Es más, en los días más difíciles, cuando, por ejemplo, no le funcionaba a Joaquín la fístula y se complicaba el tratamiento, se veía llegar a Loli más arreglada y maquillada que nunca. No se permitía tropezar. Joaquín nunca la vio mal.

El primer trasplante de riñón que se iba a hacer en Sevilla iba a ser a él. Los médicos lo tenían todo previsto. El donante era un chico que estaba muy grave, pero aún tenía vida cerebral. En el momento que se apagara, el riñón sería para Joaquín. Pero todo se torció porque el chico tardó en morir, los órganos se fueron deteriorando y cuando falleció ya eran inservibles. Después de este caso ya no hubo ninguna otra posibilidad clara. En esa época la donación de órganos no estaba consolida. A los sanitarios nos costaba mucho esfuerzo que se entendiera que una vez fallecido su familiar sus órganos podían salvar vidas. Tanto es así que, en una ocasión, un familiar le pegó a un médico que se acercó a un padre a decirle que su hijo iba a morir y que sus órganos podían dar vida a otros enfermos.

—¿Cómo le van a quitar un riñón a mi hijo? ¿Está usted loco o qué? —Esta fue la respuesta del padre. A las pocas horas, el paciente murió y fue enterrado con todos sus órganos.

Joaquín estuvo seis años en diálisis. No consiguió nunca usar la máquina que le había traído su cuñado del extranjero. Hubo demasiadas complicaciones que le retuvieron en el hospital. Pero estuvo acompañado de su mujer hasta el final. Un día don Julián entró en la habitación y le dijo a Loli que se fuera a tomar un café que quería charlar un rato con Joaquín. Después supo que había sido su marido el que le había pedido al doctor que hablaran. Hacía días que en la unidad de diálisis había un chaval en tratamiento que no hablaba ni conocía a nadie. A Joaquín le había afectado mucho.

—No quiero verme como este chaval, cuando me convierta en un trozo de carne quiero que me dejen de dializar —pidió taxativamente Joaquín. Don Julián se lo prometió y salió de la habitación con lágrimas en los ojos.

Ya fue cuestión de tiempo. Un día Loli despertó a su marido después de muchas horas durmiendo.

—¡Qué lote de dormir te has pegado!

Ese día Joaquín notó que ya casi no veía y empezó a despedirse de todo el mundo. De los médicos, de las enfermeras, pero también de las cocineras, las limpiadoras… No dejó a nadie sin decirle adiós ni tampoco sin su ejemplo de superación incluso en los peores momentos, porque siempre tuvo una palabra de esperanza.

—Yo no he podido usar la máquina que me consiguió mi cuñado. Una pena, pero ya he hablado con él para que se done al hospital y sirva para que otras personas puedan tener la ilusión que he tenido yo.

Quizás, ahora no hubiera sido tan fácil, hasta las donaciones siguen unos procedimientos muy reglados, pero en esa época lo importante era que una máquina más como la que había podido comprar esta empresa significaba atender a pacientes que, quizás, sin ella habían sido desahuciados. Y Joaquín lo vio claro, la salud era lo primero y si además podía ayudar a otros a la vez.

Ese fue el último día que estuvo en el hospital. Murió a las cuatro de la madrugada, en su casa, en su habitación, con su mujer. Ella con templanza y resignación llamó a don Julián que acudió rápidamente y se encargó de todo.

Loli se quedaba en el mundo con dos niños pequeños a cargo y 400 pesetas al mes de la paga de viudedad. Tenía que volver a trabajar, pero cuando intentó regresar a los astilleros no había trabajo para ella. También de eso se encargó don Julián. Le propuso que hiciera un curso de auxiliar, iban a abrir una unidad de diálisis en una clínica privada, en Santa Isabel, estaba muy cerca de su casa y la podría colocar, sería muy útil con todo lo que había aprendido. Ella no quería, los años en el hospital no le habían despertado su instinto por la medicina y seguía sintiendo rechazo a la enfermedad. Pero no tenía más remedio que trabajar y don Julián tenía razón, en una unidad de diálisis podría ayudar mucho. Veintidós años estuvo allí, hasta que se jubiló. Viendo cómo avanzaba la técnica, recordando a los pacientes que tenían la suerte de estar cuatro horas en la máquina, mientras que su marido pasaba diez; presenciando cómo las máquinas de diálisis se democratizaban y nadie se quedaba sin tratamiento por falta de aparato, a la vez que se volvían más pequeñas, fáciles de utilizar y para los pacientes menos invasivas.

Sus hijos pudieron estudiar gracias a los ingresos que la clínica le facilitaba, aunque no tuvieron una vida fácil. Echaban de menos a su padre, sobre todo, Joaquín. Las largas ausencias de los padres nunca son gratuitas para los niños, por mucho que otros familiares intenten suplir la falta. Estaban acostumbrados a que su padre llegara del trabajo y les ayudara a terminar las tareas. Al principio no podía casi contar con él porque llegaba cansadísimo de la diálisis.

Los niños veían a su padre en la cama y vivían de los recuerdos de los días de excursión a Carmona, por ejemplo, al museo de Mérida o de las visitas a las ruinas de Itálica y las explicaciones minuciosas que le daba su padre de todo lo que había pasado en esos lugares.

—Papá, nos tomamos una *cocacolorum* —bromeaban juntos.

Fue duro para todos, como lo es siempre la enfermedad renal para toda la familia, aunque, en el momento en que se marchó Joaquín, no eran conscientes de hasta qué punto se vería afectada la familia. Su tía había fallecido también de «una cosa de riñón». En aquella época no había alternativa, se estropeaba el órgano y no había nada que hacer. Pero después de Joaquín, enfermó su hermana y posteriormente también un nieto de esta. Afortunadamente él ha recibido un riñón de su hermano, gracias a todos los avances y todas las penurias que pasaron los primeros enfermos y que sirvieron para llegar a los adelantos que se consiguieron posteriormente.

Siempre recordaré a Joaquín como una bellísima persona y no solo por la relación que tuve con él y por cómo asimiló su enfermedad, sino por cómo ayudaba a afrontarla a los que tuvieron la suerte de coincidir con él.

Durante toda mi carrera había tenido trato con los enfermos de diálisis, además un contacto muy personal, ya que eran pacientes que tenían que acudir constantemente al hospital, pero hasta ese momento no había una unidad concreta de diálisis. Mi jefe, el doctor Juan Marín Govantes, vio que, dado al aumento del número de pacientes y la envergadura de los tratamientos, había que crearla. Fue entonces cuando a varios compañeros y a mí se nos ofreció formar parte de esa unidad. Éramos los que más experiencia teníamos, pero no pude. Había perdido a muchos pacientes, a demasiadas personas, por la noche cerraba los ojos y aún veía las lágrimas de muchos familiares. El dolor me pudo.

Quizás fue cobardía, puede ser que, en ese momento, la impotencia me hiciera pensar que era un puesto demasiado grande para mí. La cuestión es que mi jefe lo entendió y estuve unos años en la Unidad de Cuidados Intensivos y en quirófano de urgencias. Un trabajo que nada tenía que ver con el contacto directo que había tenido con los pacientes renales todos los años anteriores.

En este paréntesis la nefrología avanzó mucho. Tiempo después encontré a Luis y a su familia. Corrían los años 80 y fui asignada a la unidad de nefrología pediátrica. Marín Govantes siempre defendió la necesidad de una unidad infantil y luchó por ella. Cuando la consiguió se rodeó de los mejores. Nunca olvidaré el primer día que vi a Luis. Parece que lo estoy viendo, él tan guapo, tan morenillo y tan mono como lo llevaba siempre su madre. Tendría un añito, pero era tan pequeño —por los retrasos que la enfermedad le había ocasionado— que parecía menor. Con la diálisis de antes los niños se llevaban más tiempo ingresados que en casa. Además, en ese momento aún no había trasplantes de niños, por lo que se nos acumulaban muchos en tratamiento continuo. Teníamos como diecisiete o diecinueve en diálisis peritoneal y en hemodiálisis tres máquinas es decir doce más… Pero Luis destacaba, era un niño muy especial, hacía con todo el mundo, era muy juguetón, él nunca veía la parte negativa de las cosas, y tengo muy claro de dónde le venía esa actitud, de sus padres.

Tuve una relación muy estrecha con Antonia, su madre, para mí siempre fue Antoñita. Es que llegó a la diálisis con apenas dos años y se marchó de aquí con dieciocho y porque la normativa no permitía que una vez en que llegaran a la edad adulta siguiéramos tratándolos. Fue más que una relación profesional y era muy frecuente en este tipo de pacientes porque es mucho el contacto, los momentos de tensión vividos, la dureza de los tratamientos. Es imposible que los lazos no se estrechasen.

Recuerdo que llevaba Luis dos semanas ingresado. Era la primera vez que estaba tanto tiempo seguido y no había visos de que le dieran el alta pronto. Juan, su padre, había estado el fin de semana en Sevilla, siempre lo hacía. Si el pequeño estaba hospitalizado el viernes cuando terminaba de trabajar cogía su coche y se iba para el hospital. Cuando llegaba a la habitación no pasaba inadvertido, solo había que echar un vistazo. Antoñita se había perfumado y a pesar de las ojeras hasta tenía un poco de carmín en los labios. Luis, no importaba la fiebre que tuviera, sonreía. Siempre llegaba con ideas positivas, que si ese fin de semana iba a ganar el Betis; que si el domingo había bajado la fiebre antes de marcharse para Cádiz, iban a dar un gran paseo. Promesas que casi nunca se cumplían, pero no importaba, en ese momento soñaban y se veían corriendo por el parque de María Luisa. No importaba que nunca se hicieran realidad, importaba la ilusión que trasmitía, importaba que desaparecía un poco la rutina hospitalaria de la semana y, sobre todo, que Antoñita podía descansar un poco. El primer fin de semana decidieron coger una habitación una pequeña pensión. En esa época no había sitio para que se quedaran los familiares, ni siquiera con los niños ingresados. Pero pronto tuvieron que hacer cuentas. Entre los desplazamientos, la comida de Antonia allí, las llamadas de teléfono para estar en contacto, lo que gastaban los fines de semana cuando Juan se desplazaba, la habitación…

Ese día me crucé con ella cuando venía de la puerta, de despedirse de Juan, y noté que algo no iba bien.

—Es difícil cuando se va, ¿eh? —le pregunté. Ella me miró y sus ojos brillaban.

—No es nada fácil. No tenemos suficiente con el problema médico y hay que unir el económico. No tengo suficiente con tener que dejar a mi hijo aunque sean unas horas, con no poder ducharme, cambiarme, porque no quiero salir del hospital. Encima, tengo que pensar en que las cuentas no cuadran y eso que tenemos suerte de que Juan tiene un trabajo estable, no me quiero imaginar cómo lo pasarán otras familias —me explicaba Antoñita, como siempre poniendo ante la adversidad su nota positiva.

Esa noche a Luis le subió la fiebre, no le había abandonado en todo el fin de semana, pero se le había estabilizado y ahora volvía a la carga. Esa fue la primera vez que no tuvo que dejar a su hijo. Sí, había normas, pero ya estoy jubilada, no creo que nadie venga a buscarme a mí y a mis compañeras por confesar esto, las normas se pueden incumplir. Desde entonces, escondíamos a Antoñita en el baño y se quedaba a dormir en el hospital. No obstante nunca quiso abusar. Para los fines de semana alquilaron una habitación en la casa de una señora mayor, muy educada, Emilia creo recordar que se llamaba. Les salía más barato. Ya no lo hacían por obligación, salían cuando Luis estaba ingresado, pero les daba un respiro. Esos viernes eran míticos. Desde el día antes ya a Antoñita se le iluminaba la cara.

—Mañana viene mi Juan y os voy a dejar al niño enterito para vosotras —bromeaba.

Muchas veces hablábamos de cómo era posible, cómo podía llevar noches sin pegar un ojo, con los nervios, con las malas noticias, las complicaciones que surgían a diario… Pero ella siempre lo tuvo claro.

—Luis es lo primero y aquí es donde está mejor atendido y tiene a su madre. Sin embargo, mi marido viene de toda la semana trabajando, con el agobio de la distancia, con mi hijo mayor en Chiclana, con él, sin su madre y se hace más de dos horas de camino, ¿cómo voy a recibirlo? ¡Si yo soy la primera que lo veo todo de otro color cuando llega él! Y la cara de Luis, ¡cómo cambia! Salimos un rato, nos despejamos, nos tomamos una cerveza y en ese tiempo todo lo demás no importa. Es la única manera de sobrellevar esto —me contaba como si estuviera descubriendo el secreto de una receta oculta.

Y qué razón tenía. Con los años me he dado cuenta de que en esos detalles residía la clave del éxito. Parejas unidas, que intentan, no sobrevivir, sino vivir mientras luchan contra la enfermedad. Padres unidos y coherentes que le imprimen esos valores, y no con palabras sino con hechos, a sus hijos enfermos. Así era Luis porque así eran sus padres. Quizás no fueron conscientes en ese momento, no había una guía de cómo afrontar la grave enfermedad de tu hijo, ni existían blogs de personas que hubieran pasado por esta situación con anterioridad. Aprendieron a vivir con ella simplemente viviendo.

Un día, hablando sobre Luis con una de sus pediatras, la doctora Ana Sánchez, me dijo algo que siempre pensé, pero que ella sintetizó a la perfección.

—La magia de Luis y su familia no es que hayan vivido, es que han vivido felices.

Pero la vida sigue en Chiclana

Es lunes y de nuevo hay que ponerse en marcha en la casa de los Rodríguez Guerrero. Cuando Juan se despierta escucha ya a su madre trasteando en la cocina y huele a café. Le ha costado acostumbrarse a que ella esté allí, pero no sabe qué haría si el lunes suena el despertador, no está su mujer en la cama y no huele a café de la madre. Ayer hubo mucho tráfico, incluso momentos de caravana, la lluvia siempre afecta y tardó más de lo esperado en llegar hasta Chiclana, por eso le está costando más de lo normal levantarse, o quizás es su subconsciente que quiere alargar el tiempo para ver si se despierta Juan Antonio aunque no sea su hora y puede verlo antes de marcharse a trabajar porque cuando llegó anoche ya estaba dormido.

Ayer lo habló con Antoñita y es una preocupación que tienen ambos; sentir que se están perdiendo la infancia de su hijo mayor por la enfermedad de su hermano. Se tiene que repetir la respuesta que le dio a su mujer: «No podemos hacer nada». Seguro que todos los padres con un hijo enfermo y con una enfermedad crónica como la de Luis comparten esta sensación, pero no hay ninguna solución. Afortunadamente podían contar con la abuela Carmen y su hijo estaba atendido.

Sale de la habitación, le da un beso a su madre y se toma a prisa el café, Juan Antonio sigue durmiendo y no quiere despertarle.

—Ayer le costó dormirse porque te quería esperar —le explica Carmen.

Y así se marcha Juan a su trabajo. Chiclana no es un pueblo muy grande. Además, ellos siempre han vivido en el centro y todos por allí se conocen. Desde que la noticia de la enfermedad de Luis se extendió son muchos los que, cuando le ven, le miran con compasión en los ojos, y no es algo que a Juan le agrade, pero sí agradecía la solidaridad de la gente.

Su jefe y sus compañeros de Unicaja fueron siempre los primeros en ofrecerse si en algo podían ayudar, aunque poco podían hacer. La banca es un sector en el que había que estar de cara al público, y para Juan su trabajo se convertía en una vía de escape. A veces, incluso, se sentía un poco culpable cuando sabía que su mujer estaba metida en el hospital, sola, escuchando resultados de los médicos que nunca eran buenos, sin que nadie le diese relevo hasta el viernes que él llegase, y a él, de repente, se le escapaba una carcajada por algo que había pasado en la oficina. Era una sensación muy complicada. Pero se fue acostumbrando, a tener que decir que no a muchos planes diarios, a no poder organizar cosas ni siquiera a medio plazo, a salir corriendo y rechazar una cerveza con los compañeros por llegar antes a casa y suplir la ausencia de su mujer con su hijo Juan Antonio. Pero ese día no pudo poner más excusas. Luis había cumplido dos años.

Parecería mentira. Dos años y no podía ni contabilizar cuántas veces había tenido que ir a Sevilla, cuántas veces había dormido solo, cuántas cosas se habían perdido.

Siempre pensaba que sería algo transitorio, pero no sabía si se engañaba. Veía a parejas con sus hijos en el parque y le era muy difícil no preguntarse por qué les había tocado a ellos. Así que ese día se encontró a un amigo, Paco. Se conocían desde niños, desde el colegio. Él y su mujer eran los padrinos de su hijo mayor, salían en la misma pandilla y nunca se habían separado, a pesar de las circunstancias, y cuando le ofreció tomarse una caña que más que eso fue ofrecer un hombro donde desahogarse, aceptó.

—¿Cómo estás, Juan?

Bastó esa pregunta abierta para que Juan se sincerase. Le contó que todo era muy difícil; que Antoñita y él hacían todo lo que estaba en sus manos, pero que las analíticas de Luis no mejoraban; que ya no se trataba de los continuos viajes a Sevilla ni de la separación ni de que su madre viviera con ellos, sino hasta cuándo, hasta cuándo podían soportar una situación así.

—Es muy duro. Por menos las parejas se rompen. No te imaginas la de casos que hay en el hospital. La mujer se queda allí cuidando del niño y el hombre prosigue con su vida y cuando se dan cuenta no tienen nada en común. Es algo que no se habla, pero todos allí lo observamos. Primero, ponen una excusa para no ir; segundo, ves que una madre llora después de hablar por teléfono; y tercero, ya es *vox populi:* Se acabó. El niño para la madre, y el padre, quién sabe, formará otra familia —explicaba triste Juan a su amigo—. Nosotros estamos bien. Hablamos cada noche, le pido que me cuente todo lo que ha pasado durante el día… Quiero saberlo todo para compartirlo y para que ella se sienta acompañada, y solo tengo palabras de ánimo. Pero sé que ella no me cuenta todo para no preocuparme. Intento ser siempre positivo para darle fuerzas. Creerá ella que no noto sus ojeras, incluso a veces los ojos rojos que delatan que ha llorado.

Silencio es la única respuesta que recibió de su amigo. Pero es que en las buenas amistades no hacen faltas respuestas. No las tenía, no las había, sólo podía escuchar y apoyar.

Hubo varias conversaciones entre los amigos de la pandilla comentando la difícil situación que estaban atravesando. Juan Antonio llegó cuando apenas habían empezado a vivir, tenían solo veinte años, pero lo afrontaron genial y se convirtieron en una familia, pero esta prueba era demasiado dura. Es cierto que Juan era un hombre muy atractivo y que seguro que le sería fácil empezar una nueva vida lejos de la enfermedad, pero ninguno dudó en ningún momento de que aquello no sucedería. Desde el nacimiento de Luis hubo un antes y un después, porque Antoñita siempre había sido muy especial, pero Juan había madurado a marchas forzadas. Quizás en la juventud uno no se fija tanto en esos detalles, pero ahora su amigo se daba cuenta: Juan se había convertido en todo un hombre. Sin decidirlo, sin planearlo, pero así era.

Juan Antonio, el hijo mayor

Cuando en una familia nace un niño enfermo parece que todo queda paralizado. Cada esfuerzo se dirige a este pequeño. Pero esto solo es un espejismo, porque el resto de la vida continúa. Si tienes otro hijo, este sigue creciendo y reclamando de tu atención, si tu madre ha perdido a su marido sigue requiriendo de tu cariño. No es que nada se pare sino que se vuelve más difícil.

A medida que Luis crecía necesitaba más de sus padres, sobre todo de Antoñita, y ese periodo era tiempo que no podían dedicar a Juan Antonio que solo tenía dos añitos más. Pero es que no tenían otra salida.

Cuando uno de tus hijos está enfermo no hay un manual de cómo hacer las cosas, ni un listado de personas de las que tirar para que el resto de la vida pueda continuar con normalidad. No lo hay. Y ahora hay foros, blogs, incluso libros de personas que han vivido cosas semejantes y dan sus consejos sobre cómo afrontar la situación, pero en esa época no había nada de eso y Antoñita, Juan y toda la familia tuvieron que improvisar.

Angelita, la hermana de Juan, hacía tiempo que pensaba que la mejor opción era que su sobrino se fuera con ellos un tiempo, pero nunca llegaba a planteárselo ni a su hermano ni a su marido, Antonio. Sabía que el momento cada vez estaba más cerca. Al final la insinuación de su madre, Carmen, unida a que ella veía que no había otra alternativa hizo que un día, cuando llegó su marido de trabajar, le dijera que tenían que hablar de un asunto importante. No hizo falta que le diera muchos argumentos, Antonio sabía que tenían que hacerlo.

—No sé si nos hubiera tocado a nosotros qué hubiéramos hecho. Si tengo que apartar la cara para no ver cómo pinchan a los niños cuando les llevamos a vacunarlos —reconocía Antonio.

—Cuando no te queda otra opción más que ser fuerte simplemente lo eres —le contestó su mujer.

Ya estaba todo decidido, Juan Antonio se quedaría con la tía Angelita mientras Luis estuviera ingresado en Sevilla porque, además, empezar la diálisis no era nada fácil y Antoñita iba a necesitar a la abuela Carmen con ella. Esta vez sabían que el ingreso sería largo. Así que esta solución, aunque fuera provisional, daría al niño estabilidad y tranquilidad a sus padres. La familia de Antoñita no podía encargarse del pequeño. Su hermana Mari con tres niños; su hermano Momo, ya con mujer e hijos (y en esa época se tiraba menos de los hombres para esas cosas); su otro hermano, el pequeño, Andrés, enfermo; y su madre viuda que tenía que cuidar de todos a la vez. Era imposible que pudieran darle a Juan Antonio el equilibrio que necesitaba.

Y a pesar de lo duro de la situación, Juan Antonio siempre lo puso fácil. Le sobraban motivos para ser un niño rebelde y celoso, pero no lo fue. Si se sintió en algún momento desplazado por su hermano nunca lo demostró. Todo lo contrario. Ante cualquier situación él por lo único que se distinguía del resto de los niños, es porque siempre tomaba el papel protector respecto a Luis.

Angelita se esforzó para que su sobrino se sintiera como en su casa, quería que se encontrase como uno más entre sus hijos, aunque sabía que el hueco de una madre no lo llena nadie. Juan también se acostumbró a quedarse a dormir en casa de su hermana. No soportaba la ausencia de su mujer y sus hijos. Se acostaba en un sofá que había en el cuarto de estar, y así podía estar con Juan Antonio hasta que salía a trabajar.

Afortunadamente, Angelita tenía un hijo que se llevaba tan solo un año con Juan Antonio, Juanlu.

Cuando por las mañanas temprano Juan se iba a trabajar, Angelita se pasaba a la cama de Juan Antonio hasta que sonaba el despertador para el colegio. Era en los únicos momentos en los que le preguntaba por su mamá:

—¿Cuándo va a venir? —Era la única debilidad que se permitía.

Después no era un niño triste, ni gris. A la luz del día no se le veía taciturno ni solitario, pero siempre mantuvo las distancias con sus tres primos. Se convirtió en un niño muy reservado y eso que era muy cariñoso, muy dulce, pero fue ahí donde le pasó factura la ausencia. No se quejaba, no lloraba, no se enfadaba, pero sí se iba encerrando cada vez más en sí mismo.

Hubo muchas fechas significativas en las que Antoñita y Juan no pudieron estar con su hijo mayor. Juan Antonio nunca se lo echó en cara. Es más, se acostumbró a vivir con ello. Era aún muy pequeño cuando por primera vez le dijo esta frase a su madre al darse cuenta de que no iba a poder estar un día importante:

—No te preocupes, mamá. Tú te quedas con Luis que yo, cuando volvamos, te lo cuento.

Quizás se lo había escuchado más de una vez a los mayores, a lo mejor fue la propia Antoñita la que se lo dijo, pero de su voz de niño sonaba demasiado maduro. Y sí, la enfermedad de su hermano había hecho que Juan Antonio madurara a pasos agigantados. Sin que nadie se lo hubiese exigido, sin que se lo hubieran enseñado. Simplemente sucedió. Es llamativo que, aunque él pasaba semanas y semanas en casa de la tía Angelita, era Luis el que más jugara con su primo Juanlu, con el que Juan Antonio solo se llevaba un mes de edad. Se sentaba en el salón y veía una película con su madre en lugar de revolcarse en el suelo toda la tarde como hacían su hermano y su primo. Hacía cosas de mayores, quizás quería recuperar el tiempo con su madre.

Tanto tiempo pasaba en casa de sus tíos y tan continuas eran las ausencias de sus padres por estar ingresado que una vez coincidió con la matriculación en el colegio y Juan Antonio no había sido matriculado. La tía Angelita tuvo que ir a solucionarlo. Afortunadamente todos fueron comprensivos. Cuando Antoñita se enteró de lo sucedido ya estaba arreglado. Así fueron sobreviviendo. Sus padres sabiendo que no podían hacer más y sus tíos reaccionando lo más rápido que podían cada vez que se necesitaba.

De esta manera, Juan Antonio fue creciendo y asumiendo su lugar y la enfermedad de su hermano. Es más, Luis siempre estaba con los amigos de su hermano, para jugar al fútbol, para ir de excursión… Nunca se separaban cuando no estaba en el hospital. No eran de esos hermanos que mostraban lo que se querían en público ni que se decían palabras bonitas, pero todos notaban que había una química especial entre ellos. Juan Antonio nunca le dijo a su madre que no quería llevarse a su hermano con sus amigos ni se enfadó porque su hermano pequeño fuera hasta más amigo que él de sus propios amigos. Todo lo contrario, era él el que introducía a Luis como uno más, y así dejaba claro el mensaje sin decir nada: Mi hermano y yo somos uno.

Un día Juan Antonio y Luis fueron de excursión. Había una fuente con un suelo de cristal. Luis pasó por encima pensando que era fijo. Al dar el segundo paso el suelo se hundió bajo sus pies. Su hermano no lo pensó un momento. Se tiró a la fuente para sacarlo, sin dudarlo, sin pensar en los riesgos, sin perder el tiempo en desvestirse, sin que nadie se lo pidiera, por su enfermedad su hermano no se podía mojar, tenía que proteger su catéter, no grito ni llamó a nadie, era su responsabilidad, se tiró, lo sacó y lo secó. Hay gestos que dicen mucho más que las palabras.

El inicio de la diálisis

No fue un día concreto. No podrían apuntar una fecha en el calendario, pero era una realidad palpable que Luis necesitaba entrar en diálisis y ya no se podía demorara más. El diagnóstico de insuficiencia renal crónica severa y el meter en el juicio clínico una nota indicando necesidad de inclusión en programa de diálisis-trasplante renal ya eran una constante. La decisión consensuada entre el personal sanitario y los padres era que Luis fuera tratado con diálisis peritoneal ambulatoria continua.

Para poder acceder a esta técnica tenían que instalarle a Luis un catéter en el abdomen. Una operación leve, pero fundamental. Era agosto, todos los niños jugaban en la playa, Juan Antonio y Luis también, y no solo ellos, también sus primos. Era un domingo de verano y habían coincidido en la playa de la Barrosa. Juan había preparado un partidito y Luis no podía quedarse en las toallas con su madre. Es más, la propuesta del partido había surgido de Luis y Juan no pudo negárselo. Con lo pequeño que era y ya tenía maneras golpeando el balón, y eso que su escaso equilibrio le hacía perder la pelota y sus primos mayores le dejaban atrás. Pero a él no le importaba, seguía buscando la pelota mientras su padre pensaba que sería un buen portero. Así vieron como el sol se ponía y el mar quedaba teñido de naranja.

Querían prolongar el día, pero tenían que irse, mañana sería un día duro y todos lo sabían. Habían cogido fuerzas y energías del mar, de la arena, de las carreras, del balón. Sabían exprimir los días que la vida les regalaba. Iban cargados para afrontar la operación y el paso que iban a dar.

Luis era tan pequeño, no sólo por la edad sino por los problemas de crecimiento que la enfermedad renal le había ocasionado, que hubo que adaptar incluso el método de diálisis a él.

A pesar de la dureza del momento, la familia de Luis tenía que dar las gracias, lejos quedaban ya esos años en los que no había máquinas. Desde que Luis la necesitó hubo una disponible para él. ¡Qué paradójico que, poder contar con una máquina que iba a tener atada a una persona, y en realidad a toda su familia, tuviera que considerarse un premio y sentirse afortunados por tenerla! Pero así era, y lo mejor era tomárselo así, aunque no fuese fácil.

Los sanitarios se volcaron para que el tratamiento fuera un éxito. Cuando los veías trabajar, no se te podía pasar por la cabeza que supieran que las estadísticas de mortandad infantil en personas con este grado de insuficiencia renal fueran tan altas. No daban nada por perdido, se empeñaban en cada paso y en cada decisión.

Luis pesaba en ese momento 8.220 gramos y medía 76 centímetros, muy por debajo del percentil de su edad. La diálisis que necesitaba era una diálisis continua. ¿Qué significa eso? Pues que Luis tenía que tener dentro de su organismo un líquido para limpiar su sangre ya que sus riñones no cumplían esta función. La cuestión es que para poder llevar a cabo el proceso de limpiado necesitaba que en su organismo entrase una bolsa de un litro, pero su cuerpo era tan pequeño que solo le entraba medio litro. No existía la opción de ponerle una bolsa de medio litro y después otra de la misma medida porque las bolsas más pequeñas eran de un litro. Una nueva complicación, un nuevo bache en el camino que había que superar.

Para Antoñita este nuevo cambio era tan difícil que se vio incapaz de enfrentarse ella sola en Sevilla a la nueva responsabilidad. Dos años habían pasado desde la primera vez que entró en el hospital Virgen del Rocío y todo lo vivido iba pasando factura. En ese momento se sintió muy débil, incapaz, pero, como siempre que pensaba en flaquear, su familia estaba ahí.

Lo primero era solucionar lo de esa bolsa de diálisis. La abuela Carmen y su madre se adelantaron. Para algo iban a servir las clases de corte y confección. Crearon una pequeña funda de tela, de un tejido suavecito, con sus tirantas, para poderla usar a modo de mochila, y a Luis nada más verla le encantó. En esa mochilita iría la bolsa con el medio litro restante que no le cabía en el cuerpo. Sería una prenda fácil de llevar, infantil para que no llamase mucho la atención y Luis se podría acostumbrar rápidamente a ella.

Probaron varias telas, diferentes opciones, cierres y tirantes, y cuando encontraron la más cómoda se la enseñaron a los médicos. Fue todo un éxito y un chute de energía y positividad. No sólo habían superado el bache en el camino y habían buscado una solución para Luis, sino que podía ser la solución para otros niños con el mismo problema. Evidentemente, había que probarla, pero a primera vista parecía que podía funcionar.

El siguiente paso era empezar la diálisis. Todo lo nuevo parece complicado y, si tiene que ver con la salud, más aún. Las enfermeras explicaban cada paso con sencillez y con mimo.

—Primero hay que lavarse las manos, la higiene es fundamental para no coger infecciones, ¿verdad, Luis? Se abre el catéter y se conecta a esta bolsa hay que dejar pasar un poco de líquido antes de abrir la conexión para que no entre aire en esa barriguita bonita —iban contando entre las risas de Luis y la cara de angustia de Antoñita, que no se perdía ni un solo detalle.

Así, cada día narraban en alto cada paso para que todos aprendieran el proceso, pero sobre todo para que nadie se equivocara por el camino. También la abuela Carmen escuchaba atenta.

Más de un mes estuvieron ingresados en esta ocasión, pero no les importó porque las analíticas de Luis mejoraban. Se le notaba en todo. Estaba más animado, con más apetito y fuerza. Tanto que corría con su mochila a cuestas detrás del balón de fútbol por el pasillo del hospital y parecía que a todos les costaba reñirle porque les podía más la alegría de verle tan mejorado con la técnica.

Parecían que había pasado un nuevo bache, pero no podían bajar la guardia.

En una de sus charlas las médicas y las enfermeras decidieron reunirse con Antoñita para hablar de la evolución de Luis y hacerle una propuesta.

—Las analíticas, como ya sabes, han mejorado y no hace falta nada más que mirar a Luis para darse cuenta y queremos hacerte una proposición. Hemos pensado que empieces a hacerle la diálisis a tu hijo tú sola. La idea es que cuando te veas capaz podamos dar el paso de daros el alta y que se la sigas haciendo en Chiclana —le comunicó la doctora.

En ese momento, mil sentimientos se agolparon en Antoñita, el primero de miedo: ¿podría hacerlo?, ¿sabría?, ¿se pondría nerviosa?, ¿y si algo fallaba? La responsabilidad de la salud de su hijo en sus manos, ¿y si le provocaba una infección? Pero ¿por qué? Si estos días ya casi lo hacía ella cuando Charo le decía que lo intentara, y pensar en volver a Chiclana, en dormir todos los días junto a su marido, acostar y despertar a su hijo Juan Antonio… Siempre pesaba más en lo positivo, así que respondió decidida:

—¿Cuándo empezamos? Estoy deseándolo.

Salió de la consulta y llamó a su marido. Juan, a pesar de las dudas, también quiso quedarse con el lado positivo. ¿Dónde se hacían esos intercambios de los que le hablaba su mujer? ¿En su propia casa? Entonces, habría que buscar un sitio estéril para ello. Y efectivamente se pusieron manos a la obra. Mientras Antoñita hacía su máster en Enfermería, con muchos avances, Juan se afanó en conseguir una habitación que cumpliera todos los requisitos. Hacía falta que hubiera un lavabo en la habitación. No era suficiente con tener una habitación limpia y sin cosas que acumulasen polvo y residuos, sino que hacía falta que tuviera un desagüe ya que había que tirar el líquido que salía del cuerpo después de haber limpiado la sangre y meter el nuevo y así repetidamente. Juan llamó a un fontanero de confianza, preguntó si era posible hacer la obra y le pidió presupuesto. Era un dinero, pero en ese momento hubiera dado casi cualquier cosa por volver a tener cada noche a su familia reunida bajo el mismo techo.

Afortunadamente era joven, si tenía que buscar otro trabajo lo buscaría, y, además, esperaba ahorrarse los continuos viajes a Sevilla.

Dos semanas más permanecieron Antoñita y Luis ingresados en el hospital. Con fallos y aciertos, pero mejorando cada día hasta que, al final, Antoñita se veía segura para lograrlo, aunque intentara no pensar en la responsabilidad que conllevaba.

Cuando llegaron, a Luis le encantó su nueva habitación. Habían hecho un gran trabajo. Incluso habían puesto un pestillo en la puerta para que permaneciera cerrada, mientras no se usaba para la diálisis. Una puerta que durante años permaneció cerrada y que mostraba la importancia de lo que sucedía en su interior.

Antoñita tenía que hacerle cambio a Luis cada tres o cuatro horas, no más. ¿Qué quiere decir esto? Entre otras cosas que vivían pendientes del reloj para que no se pasara la hora del cambio. Cualquier tipo de plan había que hacerlo sabiendo que a las tres o cuatro horas había que estar en casa. Evidentemente era mejor que estar en el hospital, pero también es cierto que en el hospital, si Antoñita había ido a la habitación alquilada a ducharse o había bajado a tomarse un café, si llegaba el cambio ahí estaban las enfermeras. En casa no era así. Todo dependía de ella. Quedar para llevar a los niños a un cumpleaños, por ejemplo, no era como se esperaban. Los llevaba a los dos y después a una hora determinada o se tenían que ir, y Juan Antonio se perdía la mitad de la fiesta o iban a casa, le hacía el cambio a Luis y después tenían que regresar para poder recoger a su otro hijo.

Y no eran las únicas complicaciones. Hay que tener en cuenta que el día tiene veinticuatro horas si tenemos en cuenta que de media los cambios se hacían cada cuatro horas, estamos hablando de seis cambios diarios. Seis veces en las que Antoñita tenía que desinfectarse las manos, abrir los tapones, tirar el líquido por el lavabo, introducir la nueva bolsa, esperar a que entrara, volver a desinfectarse las manos y cerrar de nuevo el catéter. Seis veces que tenía que correr de donde estuviera, que tenía que entrar en la habitación, arriesgarse a que cualquier germen entrase a través del catéter, entretener a Luis durante el proceso.

Por la noche la dinámica no cambiaba. Había que ponerse la alarma, despertarse, ir casi sonámbula hasta la habitación y hacer los cambios. A veces las madres que deciden darles el pecho a sus hijos cuentan que lo peor era tener que darle el pecho por la noche. Pues Antoñita no tenía otra opción y no iba a ser cuestión de pocos meses. Además, Luis ya no era un bebé y que él se diera cuenta dificultaba más la situación.

Cada cuatro horas a la habitación. Día y noche. Fueron años muy duros, porque Antoñita no podía ni dormir, pero ella no lo pensaba, solo se concentraba en hacerlo bien y mirar hacia delante. Nunca se paraba a pensar en sí misma. Lo importante era Luis. ¿Y cuánto tiempo estuvo así? Nada más y nada menos que siete años y medio. Pero esta madre nunca se quejó. Hubiera sido lo más normal, que ese fuera su tema constante de conversación, que explicase a todo el mundo lo difícil de su situación, pero no. Sólo los más cercanos llegaban a entender la dificultad de la vida que llevaba. Es más, muchos por la calle al verla, le decían sonrientes:

—Qué bien que ya no tengáis que estar en Sevilla estarás mucho más descansada. Quizás no eran suficiente las ojeras que Antoñita arrastraba para que se dieran cuenta de que la penitencia iba por dentro, y ella no les iba a sacar de su ignorancia, todo lo contrario, les respondía con una sonrisa.

No obstante, había muchos sustos y demasiados viajes a la carrera a Sevilla por fiebre alta, que solo podía indicar nuevas infecciones. Infecciones de las que, aunque Antoñita no lo verbalizase, se sentía un poco culpable, pero ¿qué más podía hacer ella? Se limpiaba incontables veces al día con el desinfectante que le daban en el hospital, tenía las manos despellejadas de lo fuerte que era el líquido que utilizaba para limpiarse, aun así, las contaminaciones a través del catéter seguían apareciendo y con ellas nuevos viajes a Sevilla y nuevos ingresos.

El Virgen del Rocío no dejó de ser su segunda casa, pero Luis era un niño con mucha vida, era muy difícil verlo tirado en la cama abatido. Todo lo contrario. Él no paraba. Era más fácil que estuviera en el pasillo con el balón que en la cama, y eso le daba fuerzas a su familia.

Intentaban que, a pesar de los continuos ingresos, la vida continuara. Y la vida no podía ser solo goteros, camillas, diálisis. Intentaban intercalar planes ilusionantes para compensar. Uno de los domingos que Juan pasaba en Sevilla pidieron permiso para recibir un tratamiento concreto. Ese domingo jugaba el Betis en casa y fue la primera vez que Luis pisó ese campo, volvería a hacerlo, y acompañado de su hermano, muchas otras veces, pero esa vez, aunque era muy pequeño, era su primera vez. Quizás un niño tan pequeño con tanta gente alrededor y con tantos cánticos se hubiera asustado o incluso llorado, pero él no. «Parece que lo lleva en la sangre», decía orgulloso su padre. ¿Quién sabe si era cierto? Le brillaban los ojos y con esa gracia de los niños cuando empiezan a hablar juntando palabras decía «Luis pelota» y señalaba todo mientras gritaba, «papá, mira, papá, mira». Evidentemente no sabía dónde estaban ni qué era el Betis, pero ya se le notaba que disfrutaba.

Y llegó la hora de marcharse. Solo hacía unos minutos que había entrado en la carretera cuando notó que su coche empezaba a aminorar. No tuvo más remedio que apartarse al arcén. Por suerte había mucho tráfico y los coches no podían ir muy rápido así que pudo apartarse sin chocar con ninguno. Era una época en la que aún no había teléfonos móviles, así que a Juan no le quedó más remedio que hacer autostop hasta la gasolinera más próxima y llamar por teléfono. Pero ¿a quién llamaba a esa hora que pudiera solucionar la situación? Una vez más, recurrió a Emilia, la señora que le alquilaba la habitación, como todo sucedió justo a la salida de Sevilla pudieron recogerle y la grúa se llevó el coche. Todo estaba solucionado, el problema fue al día siguiente cuando pudo hablar con el taller. El fallo del

Renault 14 era de la junta de culata y la factura era más que prohibitiva, y, aunque iba a tener que pagar el arreglo en varios meses, no se le podía ni pasar por la cabeza quedarse sin coche.

La vida de la familia cambió mucho a pesar de los múltiples ingresos. La llegada de la diálisis peritoneal domiciliaria era toda una revolución. Sus vidas se transformaron para mejor, tanto es así, que a medida que Luis crecía y mejoraba, sus padres se plantearon que el pequeño pudiera empezar a ir al colegio. ¿Quién se lo iba a decir a ellos hace unos meses?

La aventura del colegio

Quizás otros padres no hubieran querido arriesgarse, hubieran temido que el pequeño se alejara de ellos, hubieran alargado el momento lo máximo posible y hubiesen inventado excusas inexistentes, pero ellos no eran como esos padres. O no se lo permitían a sí mismos.

Era la primera vez prácticamente que Antoñita se iba a alejar de su hijo a diario. Como una madre más tenía sentimientos encontrados, pero los médicos le habían dicho que no había ningún problema para que Luis fuera a clase y en el fondo, por mucho que le costara reconocerlo, seguro que iba a ser bueno para él.

Para intentar disminuir los temores que le ocasionaba alejarse de su hijo decidió ir a hablar con su profesora. Fueron los dos, Juan y ella. Le explicaron en qué consistía la enfermedad de Luis, de la que la profesora prácticamente no había escuchado hablar ni mucho menos había tenido ningún alumno anterior que la padeciera. También le contó que tendría que ir aproximadamente cada cuatro horas para poder hacerle el intercambio obligatorio de bolsas que necesitaba su hijo. Asimismo le expuso que el pequeño tenía dos válvulas y a groso modo para qué servía cada una, le enseñó el tubo y sus grifos. No quisieron advertirle de que los ingresos en el hospital eran constantes, quisieron pensar que a lo mejor se iban espaciando.

Realmente, las profesoras no tenían que hacer mucho, solo estar pendiente de él, como de cualquier niño. Su primera profesora era Gertrudis, después pasaría a encargarse de él Charo Gil. Pero todos en el colegio ya sabían qué le pasaba a Luis y la necesidad de llamar a su familia rápidamente ante cualquier urgencia.

Luis se incorporaba a clase al día siguiente. Era el mismo colegio al que ya iba su hermano Juan Antonio, y los dos estaban contentísimos, y su alegría, el alboroto y las ganas de jugar contrastaban con lo nerviosa que estaba Antoñita esa mañana. Había tenido que modificar los horarios para que el cambio de Luis terminase exactamente a la hora que había que irse para el colegio. A Juan Antonio tenía que exigirle más. Era solo un niño, pero ahora tenía que responder más que nunca. Se unían las mariposas que no dejaban de revolotear por el estómago de esa madre que no sabía cómo respondería el resto de los niños, cómo lo afrontaría Luis y, sobre todo, cómo lo llevaría ella misma. Pero no tenía tiempo para pararse a pensarlo.

Le había dicho a Juan que no hacía falta que entrara más tarde en el trabajo, que ya había demasiados cambios cuando de verdad los necesitaban, que se fuera que ella podía. Y claro, claro que podía.

Con Luis iban más despacio, por eso había calculado el tiempo para no tener que correr. Cuando miró alrededor y vio los niños que entraban al colegio. Todos le sacaban como mínimo una cabeza a Luis y se vino un poco abajo, pero ya estaban en la puerta. Juan Antonio se acercó a ella y también la besó, no le hizo falta añadir que él lo cuidaría en su ausencia. Él nunca había sido de muchas palabras, pero sí de grandes gestos. Le pasó delicadamente el brazo por el hombro a su hermano y así cruzaron el arco de la puerta del colegio y entraron. Juntos, pero sin hacer notar que su hermano necesitaba ayuda, simplemente podía ser interpretado entre iguales como un signo de camaradería. Así es el lenguaje de los niños y una madre sabía que solo podía quedarse en la puerta a ver que la silueta de sus hijos desaparecía entre la de los demás.

Es cierto, Antoñita se fue con un nudo en el estómago y una sonrisa falsa que había aprendido a utilizar para que no se le notase la preocupación. Pero sabía que era lo que tenía que hacer. Se fue a casa pendiente del reloj, con miedo de que se le pudiera pasar la hora y deseando recoger a Luis y ver qué cara tenía.

Todo salió genial. Llegó a tiempo, le hizo el cambio y Luis estaba eufórico, sólo hablaba del colegio, de sus compañeros, de su profesora. Sólo con eso ya supo que había sido un acierto y que las carreras hasta el colegio para recogerlo y hacerle el cambio y volverlo a llevar merecerían la pena.

Y fueron pasando las semanas, los días y los meses. Antoñita se fue acostumbrando a tener unos huecos en los que ella aprovechaba para ir a comprar, recoger la casa… No hacía grandes cosas, pero hacía las cosas que solían hacer las madres en esos momentos y para ella eso ya era un gran avance. Además veía cómo Luis mejoraba, es cierto que los niños a esa edad tienen que estar con sus iguales, y también la relación entre sus dos hijos se fue fortaleciendo. No podemos negar que Luis también perdió muchas clases, días que tenía fiebre, días que pasaba en el hospital, por obturación en el catéter, por infecciones… Pero siempre que regresaba a clase volvía con ganas, y eso era lo que importaba.

Un día estaba Luis en clase y su profesora Gertrudis notó algo raro. Rápidamente lo comentó con otra de las profesoras del colegio.

—Luis huele mal, huele a orina, y creo que eso no es buena señal —le explicó a Charo.

Ambas recordaron que sus padres le habían dicho que Luis tenía dos válvulas que una no era importante, pero que si la otra se abría había que avisarlos rápidamente porque tenían que irse corriendo para Sevilla para el hospital. No lo dudaron. Mientras Gertrudis entretenía a Luis, Charo llamó a sus padres. Primero a Antoñita, no lo cogió, iba a esperar, pero no sabía si la válvula era la importante, y decidió llamar también a Juan al trabajo, tampoco lo cogían. Repitió la ronda. Nada. Pasaban los minutos y no lograban localizarlos. Luis aparentemente estaba bien, aunque el olor no desaparecía. Pasaron a las opciones más desesperadas. Llamaron a la abuela y a su tía Angelita. Pero tampoco.

No menos de 30 veces llamaron hasta que consiguieron localizar a Juan. Ahora sí que estaban nerviosas. Charo le contó a Juan la situación y el padre le hizo una serie de preguntas para saber de qué válvula se trataba. Afortunadamente no era la que daba directamente al peritoneo. No era urgente, pero les dio las gracias y les dijo que localizaría a su mujer y que iría a recoger a Luis para cambiarlo. Cuando Charo escuchó esas palabras no sabía si reír o llorar del susto que habían pasado, Gertrudis se limitó a abrazar a Luis y decirle que mamá iba a ir a recogerlo. Ambas tenían experiencia en la enseñanza, habían pasado por sus manos multitud de niños y había vivido situaciones realmente de urgencia, pero Luis era tan pequeñito en relación a los demás, se veía tan vulnerable, que se había convertido en la debilidad de todos. Cuando por fin Charo colgó el teléfono, y pudieron respirar tranquilas, se dio cuenta que todas esas llamadas, que todo ese nerviosismo, habían pasado en tan solo 15 minutos, pero que a ellas les había parecido una eternidad.

Por esta época Luis iba creciendo gracias a la diálisis, pero muy poco a poco. Un día cuando Antoñita dejaba a los niños en el colegio, su profesora le dijo que había observado que Luis de vez en cuando cojeaba. Ella ya lo había notado y le había preguntado varias veces, pero Luis era un niño que no se quejaba, para lo bueno y para lo malo. Cada vez la cojera se hacía más visible. En una de sus continuas revisiones se lo comentaron a sus médicos. A los facultativos no les sorprendió. Le mandaron unas analíticas y una radiografía. Los resultados no tardaron mucho. Confirmaban lo que los médicos sospechaban.

—Luis padece la enfermedad de Perthes en la cadera izquierda. Es una dolencia que se asocia a los niños que padecen enfermedades renales graves desde pequeños. Dejando al lado los tecnicismos para que podáis entenderlo, se produce porque la sangre no llega bien a la cabeza del fémur e impide que este crezca lo que termina provocando una lesión grave en la cadera o artritis permanente. Así que inicialmente habrá que inmovilizarle la cadera y ver cómo va reaccionando su cuerpo —les explicó fijándose en la radiografía y sin poder casi mirarles a los ojos.

Y así fue. Le pusieron a Luis unos hierros para fijarle la cadera. Con lo pequeño que era parecía imposible que tuviera fuerza para levantarlos, pero la tenía, y se los acababan de poner y ya estaba viendo cómo podría pagarle al balón en su nueva situación. Y a sus padres se les partía el corazón, ¿cómo decirle que no jugara con la pelota si era con lo que más disfrutaba si además no sabía hacia dónde iría la enfermedad y si esos pelotazos eran los mejores que iba a poder tirar? Así que se limitaban a decirle: «Luis, ten cuidado».

Una vez con los aparatos puestos era el momento de regresar al colegio. Antoñita no sabía si iba a poder ser autosuficiente solo, pero pensó que la mejor manera de saberlo era probando. Llegaron hasta la puerta del colegio, entraron y se encontraron con la gran escalera. Una escalera que otros días había pasado inadvertida, pero que ahora parecía una gran prueba física que había que pasar para conseguir llegar a la meta, al destino final, que en este caso era simplemente la clase de su hijo. A Antoñita no le dio tiempo a ofrecerse para ayudarle, estaba ensimismada en sus pensamientos cuando Luis le hizo un simple pero rotundo gesto con la mano: Mamá para, yo solo. Se fue arrastrando por las escaleras con las rodillas hasta llegar arriba. No consintió que nadie le ayudara. La imagen podía ser triste incluso patética, pero no, su madre no lo vio así, su hijo era un luchador, desde que nació y era su forma de situarse ante el resto de sus compañeros. Juan Antonio iba cerca de él, pendiente, por si su hermano le requería, pero dejándolo solo. Si hubiesen corrido a ayudarlo lo hubieran señalado como un niño que no puede, le pondrían la etiqueta del enfermo, que nunca había correspondido con la forma de actuar de Luis. A Antoñita le hubiese costado menos trabajo ayudarlo que soportar verlo trepar escalera arriba, pero sabía que esa era su función en ese momento. Viendo los esfuerzos que hacía su hijo y cómo restregaba las rodillas por las escaleras tuvo claro qué tenía que hacer. Se despidió con la mano de sus hijos, les tiró un beso y no le dio tiempo a sus lágrimas a rodar por sus mejillas, se limpió y fue a comprar unos pantalones más anchos, tela y rodilleras. Tendrían que adaptarle la ropa, para que los hierros cupieran y para que tuvieran refuerzo y no se le agujerearan por las rodillas.

Los hierros nunca fueron un obstáculo, no le pararon. Y aunque sus padres pudieran preocuparse los primeros días, rápidamente se dieron cuenta de que los niños sin demostrarlo siempre tenían cuidado con él, aunque él se apuntaba a todo y jugaba como cualquier otro, siempre estaba protegido. Es ese entendimiento especial que tienen los más pequeños. La mayor parte de las veces son los adultos los que complican las cosas. Las profesoras no tuvieron que decirles nada, ellos en su lenguaje entendieron que había algo en Luis que hacía que fuera diferente. Nunca fue un niño malito, nunca fue el que no se integra, el desplazado, y eso que tenía todas las papeletas: limitaciones físicas, ser de más pequeño tamaño que el resto, pero no se perdía ni una. Siempre fue para sus compañeros especial. Y siempre tuvo a su hermano al lado.

Y llegó el primer trasplante

Un paciente renal no es frecuente que entre en diálisis de un día para otro. Puede pasar, pero lo normal es que la función de sus riñones vaya disminuyendo hasta que se tome la decisión de que es necesaria la diálisis. Lo mismo sucede con los trasplantes. Al margen de excepciones, lo más corriente es que haya un periodo de asimilación, de espera, incluso, en algunos casos, de concienciación del paso que van a vivir.

Mucho se ha avanzado en los últimos años en relación a los trasplantes renales. Y no solo por el tratamiento al que son sometidos los pacientes ni por la calidad con la que llegan a la donación sino también se refleja en las cifras.

En 2016, España ha liderado las donaciones y trasplantes de órganos a nivel mundial, muy lejos las cifras de ese primer trasplante que se produjo en 1965 en Barcelona. Los hospitales andaluces han vuelto a superar sus propias cifras históricas en 2016 y por tercer año consecutivo. Los equipos del Servicio Andaluz de Salud (SAS) realizaron 814 trasplantes, de ellos 27 han sido de niños. Solo el Hospital Virgen del Rocío de Sevilla realizó 212 trasplantes, 14 de donante vivo y 11 pediátricos. Pese a estos datos positivos, 741 personas gravemente enfermas permanecen en lista de espera para recibir un órgano que le permita sobrevivir y/o mejorar su calidad de vida de una manera notable.

El mismo Hospital Virgen del Rocío tiene registradas 175 personas que esperan un trasplantes, 146 de ellas de riñón.

Cifras que solo aparecían en los sueños de los especialistas que trataban a Luis en los años ochenta y noventa. Números que son consecuencia del aprendizaje a fuerza del ensayo/error. Porcentajes que se han alcanzado gracias también a muchos de los que quedaron en el camino y que demostraron que algunas cosas había que cambiarlas. Quién sabe si cuando se hagan cuentas dentro de otros cuarenta años se descubra que cosas que se hacen hoy no son las más adecuadas. Pero así es la medicina y solo así se va avanzando.

En 1989 se realizaron 124 trasplantes renales en Andalucía, y para la época era todo un hito, a pesar de que fueran veinte menos que el año anterior. Y detrás de cada uno de estos trasplantes un donante, la solidaridad de una persona o de su familia, en un momento donde todavía había mucha resistencia a la donación y donde la coordinadora de trasplantes y los profesionales que la integraban intentaban ganar terreno a diario, porque sin órgano no hay donación.

Debido a esta escasez inicial de donantes, al principio se tendió a realizar donaciones de vivo, es decir, personas de la familia que eran compatibles con el enfermo y que voluntariamente aceptaban tras numerosas pruebas que se le extrajese el órgano para dárselo a su familiar. Es algo que ha vuelto a ser la tendencia prioritaria, pero ¿qué diferencia había? Pues la primera y fundamental es que antes no existían los avances técnicos actuales por lo se exponía al donante a mayores peligros. Además de que era más difícil medir la compatibilidad y por tanto eran mayores las posibilidades de rechazo y además la operación era mucho más grave. Es decir, había muchos más riesgos para la persona sana que donaba el órgano. Esto fue así hasta que se extendió el uso de la laparoscopia, una técnica quirúrgica mínimamente invasiva que permite realizar intervenciones sin necesidad de una cirugía abierta.

Asimismo, había muchas dudas sobre si era beneficioso o perjudicial antes de un trasplante someter a los pacientes a trasfusiones de sangre. A finales de los sesenta y principio de los setenta las transfusiones se reducían al máximo en pacientes en diálisis a espera de trasplante. Se tenía la convicción de que las trasfusiones podían perjudicar y condicionar el rechazo agudo al estimular la producción de anticuerpos. Por esto solo se trasfundía en condiciones extremas y con un control riguroso de la sangre. Sin embargo, poco después, en los años setenta se observó que los enfermos que habían sido trasfundidos antes de los trasplantes tenían mejor aceptación del injerto. A partir de esto cambió radicalmente la política de trasfusión. Los centros que realizaban trasplantes protocolizaron las transfusiones y se asistió a un incremento de uso de grupos sanguíneos por lo que aumentó también el riesgo potencial de enfermedades como la hepatitis y el sida, entre otras, tanto para los enfermos como para los sanitarios[2].

---

[2] Ver http://www.revistaseden.org/files/2596_6.pdf

Por eso Luis estuvo en un proceso de trasfusiones a espera de que llegara un órgano para él. Se le incluyó en la lista y ya solo quedaba esperar.

Era domingo por la mañana. Un domingo corriente. Tenían planeado dar un paseo por la playa de la Barrosa y comer fuera, pero no les dio tiempo. Aún no se habían despertado los niños cuando recibieron una llamada del hospital. En esas fechas aún no había una base de datos muy meticulosa sobre cada paciente en lista de espera por lo que llamaban a tres que pudieran ser compatibles. Cuando sonó el teléfono Antoñita y Juan se miraron. Los dos lo sospecharon. Los fines de semana había más accidentes de tráfico decían y había que estar más pendiente del teléfono porque aumentaban las posibilidades. Fue Antoñita la que descolgó el auricular y Juan no necesitó escuchar más:

—Niños, hay que levantarse —les dijo.

Tenían todo el protocolo previsto. Antoñita ya estaba llamando a Angelita para decirle que le llevaban a Juan Antonio y que se iban para Sevilla, que había un riñón. No querían ilusionarse, pero llevaban mucho tiempo esperando la noticia, prácticamente desde que Luis entró en diálisis, hacía ya cinco años.

El camino se hizo más largo que nunca. Cuando llegaron vieron a otras dos familias allí. Una de ellas tenía una niña de una edad similar a la de Luis aunque él parecía el más pequeño. En la otra había un adolescente. Les hicieron una analítica y les dijeron que había que esperar resultados.

Mientras estuvieron en la sala de espera, les dio tiempo de todo. De ilusionarse, de venirse abajo, de pensar en lo bueno de trasplante y de casi marearse al imaginarse al pequeño en una mesa de quirófano, ¿y si algo salía mal? Pero también soñaron con no tener que hacer más cambios, con días fuera de casa sin pensar en la diálisis, con algo tan simple como poder dormir una noche del tirón sin poner el despertador.

Una de las familias era de Sevilla, era la primera que había llegado, otra de Huelva y ellos que llegaban desde Cádiz.

—No nos queremos ilusionar, porque la última vez nos llevamos un gran palo —dijo como si pensara en alto la madre de la niña de Huelva.

Según les explicó era la tercera vez que hacían el viaje y en las ocasiones anteriores había sido en balde. Eran los únicos que pasábamos por primera vez por este trance. La familia de Sevilla había tenido más suerte en este proceso. Habían ido una vez más y habían sido los elegidos, pero el niño había rechazado poco después el órgano. Algo que todos los presentes sabían que podía suceder, pero que ninguno se quería plantear en ese momento.

Finalmente vieron aparecer desde el fondo del pasillo al médico de guardia. Llevaba unos papeles en la mano, aunque no tuvo que leerlos.

—Ya tenemos los resultados. Ha sido fácil la decisión porque el único que no tiene anticuerpos respecto a este órgano es Luis, así que tenemos que proceder a la intervención.

El tiempo se detuvo por un momento. En ese instante todas las familias tenían lágrimas en los ojos.

—Mamá, ¿y ahora qué? Ya en nada cumplo los 18 —preguntaba el chaval, consciente de que las listas de espera de pediatría iba más rápido y que en la de adulto y con un rechazo la situación se volvía más complicada. Su madre le consolaba:

—No pasa nada, llegará, tranquilo que llegará.

La pequeña onubense no se había dado cuenta de nada y su padre disimulaba las lágrimas mientras le decía que si quería ir a dar un paseo al parque y ver a las palomas, la niña ignorante asentía y se reía ante la propuesta.

Antoñita se descubrió consolando a la madre de la pequeña, mientras Juan estrechaba entre sus brazos a Luis, con sentimientos encontrados, contento porque por fin había llegado el esperado riñón y asustado por todo lo que ahora venía. Pero no había tiempo para pensarlo. En estos momentos el tiempo es fundamental. El riñón ya estaba fuera del cuerpo de su dueño y los minutos que pasaban siempre corrían en contra.

Antoñita se quedó con Luis mientras le preparaban, Juan bajó un segundo a llamar a la familia. Todo fue muy rápido en nada se llevaban al pequeño en la camilla.

—No os preocupéis, yo voy a estar con él todo el tiempo —les dijo la enfermera Charo intentando tranquilizarles—. ¿Verdad, Luis, que nos vamos de excursión?

Y se lo llevaron sonriendo, como siempre que entraba en un quirófano. Después de los quirófanos venían goteros, heridas, puntos, curas, medicaciones, etc. y él por desgracia lo había aprendido demasiado pronto. Hasta los perros cuando pasan por la puerta del veterinario se encogen aunque solo le hayan puesto las vacunas establecidas. ¡Cómo podía él entrar sonriendo! Parecía que supiera que era la mejor forma de dejar a sus padres. Y allí se quedaron, de la mano, casi sin querer hablar, esperando, contando los minutos; y con la cara grabada de esas otras familias, queriendo aferrarse a que eran dichosos por tener esta oportunidad.

Luis se convertía en uno de los 155 trasplantes renales que se realizaron en Andalucía en 1990. 155 afortunados, aunque puede parecer paradójico utilizar esta palabra teniendo en cuenta que alguien tenía que morir para disponer de un órgano y alguien debía estar muy grave para recibirlo, pero al fin y al cabo dichosos por salir de esa fatídica lista.

Antoñita ya había dejado de mirar al reloj cuando Juan casi gritó: «¡Ahí vienen!». Era Charo que se quitaba la ropa verde y se descubría la cara.

—Todo ha ido muy bien. Lleva un rato en la sala del despertar y en una media hora se lo llevarán para la habitación de aislamiento, pero está bien, me ha dicho que os lo diga que está perfecto, que no le ha dolido nada, ya sabéis que él es así. Ahora hay que esperar a ver cómo reacciona el riñón.

Antoñita dejó de escuchar en «todo ha ido muy bien» y continuó en «hay que esperar a ver cómo reacciona el riñón». No era la primera vez que, después de tantos esfuerzos, el órgano no respondía una vez implantado. Conocía demasiados casos de intervenciones que habían ido bien y que después el órgano no iba, se intentaba dializar, se hacía una trasfusión. Pero, al final, se perdía el órgano.

En ese momento nadie quería pensar en eso. Todo había salido bien y tenían que estar alegres, ¿por qué iban a tener tan mala suerte?

Cuatro días estuvieron luchando para no sucumbir en la realidad que tenían delante, pero no podían ignorarlo más, la función renal no levantaba. Al cuarto día Luis tuvo que entrar de nuevo en quirófano, le extirparon el injerto renal por rechazo agudo debido a la ausencia de función renal. Unas palabras tan técnicas que solo indicaban que el órgano no había servido, que todas las esperanzas se evaporaban, que el hecho de que hubiese muerto una persona y hubiese donado el órgano, el traslado del riñón hasta Sevilla, el sufrimiento de las dos familias que se quedaron sin él, las horas en el quirófano de grades profesionales, su angustia y el padecimiento de Luis, no había servido de nada. Mientras otros padres animaban a los de Luis, él ya correteaba con la bolsa a cuestas y el balón entre los pies. El balón, siempre el balón…

Los enfermeros pensando en los puntos aún frescos, sus padres con la mano en la cabeza y sus doctoras apuntando en el historial «buen estado de ánimo». Cuánto podía significar un balón de fútbol en el pasillo de un hospital…

Tuvieron que quedarse algunos días ingresados, a la espera de que la herida curase, recuperasen la rutina de la diálisis y las analíticas dijeran que todo volvía a estar controlado. Después volvieron de nuevo a Chiclana. Regresaban igual que se habían ido, si alguna familia puede ser la misma después del rechazo de un riñón. Con sus intercambios cada cuatro horas, con rutinas más que complicadas que ya habían convertido en normalidad, con no poder hacer planes largos y vivir a diario noches de despertadores. Pero no, no era lo mismo que antes, el rechazo de un órgano pesa demasiado. Eran ilusiones rotas, era esa dulce y nueva realidad que durante cuatro días se habían imaginado, esa nueva vida que les esperaba y nunca llegó. En Chiclana muchos ni siquiera se habían enterado, tantas veces se ausentaban porque Luis estaba enfermo, que no sabían que había sido un intento de trasplante y ellos les seguían la corriente, mejor no aclararlo, no tenían fuerzas, pero en la familia y en el colegio sí lo sabían.

—Hemos estado pidiendo todos los días con los niños en la clase para que todo saliera bien y que Luis estuviera pronto de vuelta. Por lo menos, esto último sí nos lo han concedido —animaba la señorita Charo a Antoñita, mientras Luis se incorporaba a la clase, no podía ser de otra forma, con su balón de fútbol en la mano.

El verano

Ni los posibles trasplantes ni los duros rechazos paralizan la vida de un enfermo renal. No se lo puede permitir. No es posible tener un tiempo de enfado ni de desesperación ni de romper con el mundo, así que tampoco pudo tomárselo la familia de Luis. Todo volvía a la difícil cotidianidad. Y sin darse apenas cuenta las flores empezaban a brotar, llegaba el buen tiempo, la primavera y con ellos las ganas de hacer planes.

Antoñita y Juan fueron padres muy jóvenes y aún lo seguían siendo. Afortunadamente la enfermedad de Luis no les había quitado las ganas de salir con los amigos, de disfrutar, de vivir con sus hijos conforme a su edad… No les había teñido ese halo gris que impregna a muchas familias que sufren la enfermedad renal. Y aunque esto siempre sea positivo, también es cierto que sufrían la impotencia de querer hacer planes, ir a sitios, pero tener que amoldarse a los horarios de la diálisis peritoneal de Luis, teniendo en cuenta que cuanto peor estaba Luis más se acortaba el tiempo entre los cambios que se tenía que hacer, cada día era más difícil. La situación conllevaba tener que regresar a casa continuamente, a su habitación de diálisis, a la cruda realidad de la que sus padres querían alejarlo y alejarse ellos mismo. Por eso no dejaban de pensar en alternativas para no aislarse. A veces iban todos juntos y después se volvían solo Antoñita y Luis y así por lo menos Juan y Juan

Antonio seguían disfrutando. Otras veces se iban justo al terminar el cambio para aprovechar todo el tiempo posible y se volvían cuando el reloj señalaba el siguiente. En otras ocasiones, las menos, no iban Antoñita y Luis y así no había que modificar la hora de vuelta.

Pero ninguna de las opciones convencía a todos. Juan no dejaba de darle vueltas a una conversación que escuchó una vez estando en el hospital. Había escuchado el sueño de un padre. Se trataba de un sitio móvil donde se pudiera hacer la diálisis y que fueran la máquina la que se moviera con el paciente en lugar de ser este el que se tuviera que desplazar hasta la máquina. Era un sueño, una utopía, pero dicen que la necesidad agudiza el ingenio. Tanto es así, que un día Juan hablando con sus compadres, Natalia y Paco, padrinos de Juan Antonio, tuvieron una idea.

Se conocían de toda la vida. Habían compartido lo bueno y lo malo y seguían saliendo en la misma pandilla. Eran de esos amigos que te proponen planes porque quieren que estés y no quieren conformarse con tu ausencia, pero que, a la vez, sufren con hacerte propuestas que saben que tienes que rechazar por una situación ineludible como la enfermedad de tu hijo. Pero ellos nunca se acomodaron con el camino más fácil, con el sendero previsto, la vida de esta familia empezaba a demostrar que si no te das por vencido se encuentran soluciones o, por lo menos, alternativas. En este caso el remedio nacía de un plan, «vámonos un fin de semana a un *camping* que tenga playa cerca, todos juntos, con los niños también». Una propuesta que para cualquier familia con hijos pequeños sería simplemente un plan excitante en el que había que buscar el lugar, alojamiento y hacer las maletas. Poco más. Pero para la familia Rodríguez Guerrero desgraciadamente era mucho más que eso.

No hubo un «no» por respuesta, no. Hubo días dándole vueltas a la cabeza. Iba a ser un sitio del que no podían estar regresando Antoñita y Luis, un lugar donde tampoco había cerca un hospital, si no es que hiciera falta por una urgencia grave, además la idea es que fueran todos y pudieran desconectar. ¿Cómo se desconecta si estás más tiempo en carretera que en el sitio de disfrute? Quizás lo más fácil sería decir simplemente que no, con lo cansado que es cada día encima complicarse más con esto. Pero iría toda la pandilla con sus hijos. ¿Cómo llevarse la habitación de los cambios? Un coche era muy pequeño, pero ¿y en una furgoneta? Dicen que querer es poder. Ahí empezaron a hacer realidad el sueño. Juan buscó una furgoneta. La escogida fue una Nissan Vanette roja. Cuando la consiguió fue a hablar con un carpintero. El hombre, cuando le explicaba los cambios que querían hacer en el vehículo, ponía la misma cara que tendría si le estuvieran hablando en chino. Por supuesto no sabía qué era la diálisis y le costaba entender que la parte trasera de una furgoneta la iban a convertir en una habitación donde realizar un tratamiento médico. Pero ¿no se hacía ya en las ambulancias? Pues era casi lo mismo. Dejar el espacio lo más diáfano posible, y después hacerlo estéril para evitar las infecciones. Evidentemente cada paso se dio de la mano del equipo sanitario que trataban a Luis, que consideraron que la idea era genial y que igual que animaron a Antoñita a aprender la técnica de la diálisis para poder regresar a su casa en lugar de estar en Sevilla, también apoyaron esta iniciativa que de salir bien seguro que sería copiada por otros que vinieran detrás. Es más, algunos de los médicos ya había escuchado ideas similares aunque nunca supieron si eran totalmente ciertas o leyendas urbanas de esas que trasmiten entre sí los enfermos y que mezclan la imaginación, el deseo y la realidad. Lo que sí era real era la nueva furgoneta de la familia Rodríguez Guerrero, que se convirtió en uno más de la familia, además de una compañera inseparable. El carpintero la tapizó de madera para aislarla. Quedó genial, parecía que venía así de fábrica, y sobre todo era muy higiénica que era imprescindible para que el plan funcionase. No podrían recordar lo que costó en total hacer realidad este sueño, la suma del precio de la furgoneta más lo que le pidieron por prepararla. Pero no lo recuerdan porque hay cosas que no tienen precio.

Los días de playa de repente fueron muy distintos. Todo gracias a la Vanette, como la llamaban. Todos jugaban en la arena y cuando sonaba la alarma del reloj de Antoñita se acercaba a la orilla, donde siempre encontraba a Luis jugando a la pelota con los hijos de sus amigos o con sus primos, y él solo tenía que verla llegar para correr hacia ella, porque sabía que tocaba cambio. Todo se normalizó tanto que a nadie le llamaba la atención. Los niños no preguntaban, sabían que Luis tenía una enfermedad y que, para «curarse», cada equis tiempo tenía que ir con su madre a la furgoneta. Quizás en un principio habían pensado en cómo explicárselo a los niños o qué dirían estos, pero, una vez más, decidieron normalizarlo todo. No había que explicarlo simplemente incluirlo en sus vidas como algo corriente. Es verdad que los niños habían visto a Luis sin camiseta desde bien pequeños, con sus tubos y sus cicatrices, así que ya no les extrañaba casi nada. No pensaban en que la furgoneta se había convertido en una «pequeña clínica», ni que lo que hacían ahí dentro era imprescindible para Luis siguiera viviendo, ni siquiera el riesgo que podía haber si se ensuciaba por algo el tubo de arena. No, simplemente lo vieron como algo que hacía posible que Luis no se tuviera que ir y pudiera estar todo el día con ellos en la playa y jugar al fútbol. No explicarlo no fue una decisión que tomaran los adultos después de debatir ni que consultaran con un psicólogo especialista en estos temas, quizás ahora sí se haga así, y se tomen más precauciones, pero en esa época iban aprendiendo sobre la marcha. No había nada escrito. No había un manual que te indicara qué hacer ni cómo hacerlo. Antoñita y Juan intentaban usar el sentido común y así de la mano iban decidiendo cada paso que dar. Simplemente lo decidían andando.

Lo primero fue un simple fin de semana de camping, pero después fueron muchas otras escapadas. Decidieron aprovechar al máximo las oportunidades que tuvieran, los días que le robaban a la fiebre, los periodos en lo que no había ingresos. Así conocieron Benidorm, Alicante, Isla Cristina, la sierra de Grazalema, incluso se atrevieron a cruzar la frontera y llegar a Portugal. Esos viajes les daban vida. A todos, pero especialmente a Luis. Juan y Antoñita decidieron que sus hijos tenían que vivir y disfrutar y ellos también.

Lo consiguieron, pero nadie dice que fuese fácil. Tener que hacer cambios en la playa, tener cuidado con la arena, hacer que un niño de 7 años dejase el partido a medias y siendo el portero, vivir pendiente de un reloj y obsesionado con que no fallara la alarma. Les compensaba, pero realmente terminaban agotados, por eso después de pensárselo mucho aceptaron una nueva propuesta de vacaciones.

La enfermera Charo llevaba toda su vida dedicada a su profesión, siempre había sido una de esas sanitarias que se llevaban los problemas de los pacientes a casa. No era una más. No se le pasaba tener un detalle con los niños y una palabra de apoyo con sus padres. Era la que más festivos pasaba en el hospital y no parece que fuera casualidad. Se notaba que su implicación era vocacional y se había convertido en un gran apoyo para Antoñita durante los ingresos y al otro lado de la línea telefónica. Siempre era el pañuelo de las madres que muchas veces sin quererlo contaban planes alegres del fin de semana, pero con ojeras que le llegaban a los pies. Algunas veces porque el trabajo del padre no permitía otra opción, otras porque en ese momento en la sociedad se sobreentendía que la enfermedad de un hijo era obligación de la madre y, más aún, algunas porque las madres pensaban que ellas lo harían mejor, al final siempre eran las mujeres las que cargaban a sus espaldas con los ingresos y los tratamientos de sus hijos. Y esto les iba pasando factura y ella lo notaba desde fuera. Por eso un día Charo, quizás sin pensar dos veces en la responsabilidad y el trabajo que implicaba, decidió llevarse a algunos chicos de vacaciones.

Y así se lo propuso a Antoñita. Quería llevarse a Luis unos días en verano a Barcelona. No hubo una respuesta rápida. Inicialmente se escudó en que lo quería hablar con Juan, pero ambas sabían que ese no era el motivo de mayor peso. Si decía que sí sería la primera vez que se separaba de Luis desde que la distancia era obligatoria en esos meses tras nacer en los que les separaba un cristal. ¿Cómo podría dormir tranquila con tantos kilómetros de distancia? Lo que tenía clarísimo es que cuando se enterara Luis sería una inyección de energía y que ya no le podrían decir que no y que no había mejor persona con quien dejar a Luis que Charo.

Así que, una vez más, Antoñita puso por delante el bienestar de su familia, con apoyo de su marido que, también tuvo algunos temores iniciales. Ambos sabían que sería bueno para todos y que el miedo nunca era el camino.

Charo no estaba sola en esta iniciativa. Ella era una de las voluntarias sanitarias que colaboraban altruistamente en sus vacaciones con la asociación para la lucha contra las enfermedades renales, ALCER. Se trataba de una asociación creada en 1976, y que empezaba a crecer con el apoyo de enfermos, sanitarios y familiares, porque ya en esa fecha detectaron que se trataba de una enfermedad que necesitaba de unión para avanzar en su investigación, pero también requería de apoyo por ser una enfermedad crónica, dura y que afectaba a todo el núcleo familiar. Charo sabía que no podía mirar a otro lado y no lo hizo. Así que cuando surgió la propuesta de organizar estas vacaciones para los niños tuvo clara su respuesta.

Llegó el gran día. Lo tenían todo preparado. Era la primera vez que Luis se separaba de su madre, pero estaba con Charo, que para él era una extensión de ella y se sentía seguro, así que, aunque Antoñita tenía preparadas algunas palabras para animarlo y decirle lo bien que se lo iba a pasar si al final se venía un poco abajo, no hizo falta, iba emocionadísimo. Sí era un niño, pero las circunstancias le habían hecho madurar muy rápido y la actitud de sus padres hacia él le había enseñado a no sentirse un niño «malito». Así que la postura de Luis era la más lógica, se iba de viaje, en verano, con amigos, por qué no iba a estar contento. Y sus padres no podían hacer otra cosa que sentirse orgullosos. Así que lo vieron despedirse, con su bolsa preparada, su pelota en la mano y la otra diciéndoles adiós. Podía dejar a su madre, pero no a su balón.

En total eran doce niños de toda Andalucía que iban a estar al cuidado de Charo. Se dirigían a Barcelona a la parte de la montaña, naturaleza pura, les sentaría genial. Pero cuando Charo estaba organizándolo todo se enteró del caso de cuatro niños de Valencia de la misma familia. Se trataba de unos chicos que venían de una familia desestructurada, eran tres hermanos y un primo. El padre de los hermanos era camarero y no se podía ocupar de ellos en verano que era cuando más trabajaba y no tenía a nadie que se encargara de los niños. Así que finalmente se encontró con dieciséis niños que dependía de ella día y noche.

Luis en ese momento seguía con la diálisis peritoneal. Tenía siete intercambios al día, ni más ni menos, día y noche pendiente de él. Pero llevaba un hándicap más añadido en las vacaciones, con la peritoneal no podía mojarse, por tanto no podía bañarse en la piscina que era el mayor atractivo para los niños, pero eso no era un impedimento para él y disfrutaba como el que más.

Charo cogía a uno de los niños y le ponía a jugar con Luis a juegos de mesa, a la oca, al parchís…, mientras el resto se bañaba y después se iban turnando para acompañar a Luis. Alguno la acusaba de tener preferencia por Luis. Puede ser, aunque es cierto que el que necesita de más cuidados siempre demanda más atención, pero a esto se le unía que Luis era muy especial en todo, en su madurez, a pesar de la gran cantidad de medicación que tenía nunca ponía pegas, todo le parecía bien, en su forma de afrontar los baches siendo tan pequeño.

—Me está mojando Luis. A la próxima se la devuelvo, Charo —protestaban los chicos, y la enfermera, que sabía que tenían razón, solo podía decir:

—Él no se puede mojar, ya no lo va a hacer más. —Aunque sabía que no pararía, porque para Luis era una forma de sentirse uno más.

En estos días la enfermera notó que el hecho de que Luis se hubiese criado entre camillas del hospital hacía que viera normales cosas que, realmente, no los eran. Por la mañana celebraban una misa y Charo un día se lo llevó, se acercó a él y le dijo al oído.

—Cuando termine la misa vamos a decir al Niño Jesús que lo vamos a poner todo en sus manos.

Luis rápidamente contestó:

—Todo, pero el catéter no, que el catéter es lo que nos hace estar aquí, así que no se los podemos dejar.

Luis sabía de la importancia del catéter, pero además a esa edad, solo tenía siete años, pensaba que todos tenían uno, no conocía otra opción.

Los días que pasó Luis en Barcelona no fueron fáciles para sus padres. Antoñita continuamente se preguntaba cómo estaría o si se habría hecho ya el intercambio cuando sonaba la alarma del reloj que los primeros días ni siquiera había quitado. Intentaban no llamar mucho para que no pareciera que lo hacían por desconfianza, pero les bastó escuchar el tono de Luis a través del teléfono para saber que todo iba bien y que tenían que relajarse. Lo hicieron, incluso algún día dejaron a Juan Antonio para tener un rato solos, en pareja. Y no es que fuera fácil, pero sabía que tenían que hacerlo, y a la larga siempre les merecía la pena el esfuerzo inicial, porque desconectaban de los problemas, reían y se volvían a ver en ese uno de junio en el que se conocieron cuando, con tanta gente alrededor, se les paró el tiempo.

Y como esta familia había aprendido a ver el lado positivo a cada cosa y a darle la vuelta a todo, decidieron que el hecho de tener a Luis en Barcelona era una buena excusa para hacer una escapada y conocerla. Además intentaron hacerla en el ecuador de la estancia y así no se les hacía tan largo ni a Luis ni a ellos. Fue una experiencia genial para toda la familia, tanto es así que Charo contó con Luis como compañero de batallas en verano seis años más.

La segunda oportunidad

Vivir en una lista de espera trasplante es vivir pendiente del teléfono, es saber que cualquier plan se puede ver truncado, es más deseando que te estropeen lo programado porque será que hay buena noticia. Estar esperando un órgano no es nada fácil, porque quieres que llegue y a la vez temes lo que te queda por delante si llega. El correr hasta el hospital, que no esté resfriado cuando reciba esa llamada, el someterte a las pruebas de idoneidad con otros a tu lado que matarían (aunque sea de manera figurada) por conseguir eso que tú anhelas, la decepción si, finalmente, no eres el escogido, la caída al abismo si no es para ti, y hay que volver a empezar, el momento de *shock* si eres el afortunado, los nervios de los preparativos, las despedidas antes de entrar en quirófano, el posoperatorio, que no es nada fácil, el aislamiento para evitar complicaciones, los segundos, minutos, horas y días pendientes de si el órgano va bien, las pesadillas de los posibles rechazos, las frases hechas de apoyo que recibes, los ojos llorosos por el miedo que tu familia intenta ocultar, sus ojeras, las tuyas, y días de cansancio, los infinitos días de hospitalización, el no querer hacer cuentas porque si finalmente se consigue que salga bien, ¿cuánto durará este riñón? ¿Cuándo tendré que volver a la diálisis? ¿Cuándo regresaré a la insoportable lista de espera?

Y cualquier día puede ser el escogido. La lista de trasplantes no sabe de días inoportunos, ni de resfriados ni de festividades. Es más, los fines de semana solían ser los días que había que estar más pendientes del teléfono, ya que se producían más accidentes y de ahí surgían algunos de los esperados órganos. En esta ocasión el riñón de Luis volvió a ser protagonista en una fecha más que señalada. No les cogía de imprevisto. Era cierto que había aprendido a vivir con ello. Si había un viaje preparado, Luis cogía una infección, había una fecha importante, pues fallaba el catéter y tenían que correr para Sevilla…

En esta ocasión la fecha era muy familiar. Celebraban el día de Nochebuena todos juntos, en familia, en casa de la abuela Frasquita. Una casa donde era imposible entrar y no oler a puchero, quizás eran imaginaciones porque incluso el día que no lo cocinaba seguía oliendo a garbanzos, a tocino, a jarrete; a comida hecha a fuego lento y con cariño, a infancia, a abuela. Como otros años, la fiesta había terminado tarde. Tras recoger la mesa larga donde, parecía mentira, pero, aunque creciera la familia, seguían cabiendo todos; hijos, nietos y bisnietos. Era increíble que una mujer que enviudó tan pronto, tan joven, que tuvo que sacar a sus cuatro hijos adelante sola, con una mísera pensión, terminase siempre la fiesta bailando, mientras el resto de la familia agradecida y con el estómago lleno, la acompañaban con los acordes de los timbales y la caja. Un fin de fiesta que se repetía cada año y que sabían que nunca sería lo mismo cuando ella ya no pudiera poner el broche final.

Despertaron tarde, pero se les quitó toda la torpeza matutina cuando sonó el teléfono.

—El tiempo de coger el coche y llegar a Sevilla, hoy además no va a haber tráfico, ¿habéis llamado a muchos? —le decía Antoñita a su interlocutor, mientras Juan ya empezaba a meterle prisa a Juan Antonio para llevarlo con su madre y la tía Angelita. Sí, era día Navidad, pero eso no paralizaba el protocolo que tenían preparado para cuando apareciera un órgano. Es cierto que la sensación no era como la primera vez. Evidentemente iban contentos, esta podía a ser la oportunidad, pero ya habían aprendido a controlar sus sentimientos porque sabían lo que había pasado la vez anterior y si subes muy alto la caída puede ser mucho mayor y sobre todo más dolorosa. También lo hacían por Luis, para que no se ilusionase y evitarle momentos duros, aunque él estaba hecho de una pasta distinta, él tenía la sonrisa puesta, pero con templanza, y estaba recogiendo las cosas imprescindibles que se tenía que llevar, bueno y las no tanto, su camiseta del Betis y su balón.

El camino a Sevilla fue rápido. Llegaron en poco tiempo al hospital. Se notaba desde la entrada que era un día festivo. Solo estaban ingresados los que no podían evitarlo, y el personal sanitario llevaba en la bata algún detalle navideño.

Habían intentado localizar a tres posibles candidatos, pero por ahora solo había llegado Luis y su familia. Cruzaban el corredor cuando escucharon la voz de la enfermera Charo y, como si de un sonido celestial se tratara, a los tres se les relajó un poco el rostro.

—Luis, ese balón no te lo ha traído Papá Noel. Está demasiado trabajado, ¿no? ¡Ah, no, que en tu casa sois más de Reyes Magos! Yo te voy a dar una cosita, que te han dejado por aquí, mientras te preparamos —le decía mientras ayudaba a Antoñita a quitarle el abrigo, la bufanda y los guantes. En los hospitales, hasta en invierno no es mala idea llevarse algo de mangas cortas, por si acaso. En la sala de espera en la que te comunican si eres el candidato elegido, siempre hace frío. Será que se te congela la sangre para no sufrir antes de tiempo. Así se sentían Luis y su familia hasta que les comunicaron que esta vez eran los únicos, que a uno de los candidatos le había costado mucho localizarlo y cuando lo hicieron estaba de viaje en el extranjero y que el otro estaba en cama y con mucha fiebre. Así que, comprobadas las compatibilidades, el riñón era para Luis.

Lo tenían todo listo, se habían realizado las trasfusiones que requería el protocolo de trasplantes, algo antes obligatorio, y habían cogido el teléfono rápidamente incluso siendo Navidad. Así que allí estaban, despidiéndose, una vez más, su hijo, que solo tenía siete años, pero que ya llevaba en el cuerpo más intervenciones que sus dos padres juntos.

Esta vez no dio tiempo a mucha celebración. Tras la intervención Charo le estaba dando de comer en aislamiento y, de repente, se le paró la fístula. Salió corriendo, y todos en la habitación supieron que algo grave estaba sucediendo. Llegó hasta el médico:

—Se le ha parado la fístula.

—¿Estás segura? —le preguntó.

Charo asintió bajando la cabeza. Lo metieron rápidamente en quirófano. Lo había perdido.

Ni veinticuatro horas duraron las ilusiones esta vez. En el mismo posoperatorio se había tenido que extirpar el injerto del órgano trasplantado por rechazo. Tardaron más los preparativos y la operación que el tiempo funcionando el riñón. No hubo tiempo de hacer planes, ni de contárselo a la gente más allá de la familia más cercana. Pero era Navidad, estaban en el hospital y aunque el órgano no había funcionado se tenían que quedar porque el posoperatorio no era sencillo.

Ellos tendrían que haber animado a Luis, era él el quien siempre les sacaba una sonrisa. Aún tenía puesto el gotero y ya quería bajarse de la cama porque otro de los niños, al que ya conocía de los múltiples ingresos, se había acercado y había visto el balón y se lo había pedido. Él no quería dejárselo, lo que quería era jugar con él, aunque esta vez entre Antoñita y Charo consiguieron impedírselo con un piadoso chantaje.

—Luis, ¿sabes quiénes vienen en Navidades a visitar a los niños que están ingresados? ¿No lo sabes? Pues vienen los jugadores del Betis y del Sevilla.

—No me digas que voy a tener *to er bajío* y van a venir los del Sevilla, Charo —decía con gracia el niño.

—Pues no. Estás de suerte, en fin de año vienen los del Betis y para Reyes los del Sevilla, así que tienes que quedarte quietecito para estar bien para ese día.

Solo con eso Luis no volvió a pensar en el balón en todo el día.

Y así pasó la semana, muy ilusionado, parecía que no estaba en el hospital, repetía los nombres de los jugadores del Betis como si los conociera de toda la vida e incluso había soñado por la noche con ellos. Ensayaba qué les diría cuando los viera. Tenía a todo el personal frito a preguntas: Que quiénes vendrían, que si iban todos, que si a alguno le habrían dado vacaciones por Navidad y se habría ido a su país a ver a su familia, que si venían vestidos con la equipación, que cuánto tiempo iban a estar… Datos que ni ellos sabían porque era una acto altruista que hacían voluntariamente los jugadores y que no sabían hasta último momento.

Por fin llegó el día. Los niños estaban todos preparados y vieron cómo entraban por el pasillo los jugadores. Costó que llegaran hasta las habitaciones porque otros enfermos e incluso el propio personal médicos les paraban para saludarlos, pedirles autógrafos o incluso hacerse una fotografía con ellos.

Luis permanecía en la puerta de su habitación, al lado de su madre, le habían dicho que iba a ir paciente por paciente, así que no se permitía pasar el umbral, para no perder la ocasión, el corazón le latía a mil y parecía que se le iba a salir el cuello, se estiraba todo lo que podía para poder ver por encima de las cabezas de los demás. Tenía su balón en la mano y lo agarraba con fuerza como si fuera su mayor amuleto.

De repente vio desde lejos a Gordillo. Era el jugador que más le gustaba junto a Aquino. No le perdió ni un momento de vista. No se acordaba de que estaba en el hospital ni de que hacía una semana que había perdido su gran oportunidad por segunda vez. Ese segundo riñón que podría cambiarle la vida, ya era pasado. Había estado toda la mañana dando golpes al balón imitando a sus jugadores favoritos. Antoñita intentaba tranquilizarlo, pero ella también estaba feliz. Los rechazos son llevados peor por los adultos que por los niños. Llevaba una semana intentando animarse para transmitir tranquilidad a Luis y eso la tenía agotada. Verlo sonreír, disfrutar, el brillo en sus ojos, era lo mejor para una madre.

Y ahí estaba. Luis cruzó la vista con Gordillo, él se agachó para estar a su altura, y le dijo:

—No me vayas a decir que soy tu jugador preferido.

A Luis se le cambió la cara y se le abrieron, si era posible, más los ojos.

—Eso no se puede decir sin demostrarlo —le dijo con semblante serio.

Pero Luis no es de los que se quedaban fácilmente sin palabra y casi sin tiempo de reacción contestó:

—Me gustas, porque nadie corre como tú por la banda izquierda.

Gordillo no se pudo aguantar, sonrió y lo cogió en alto con balón incluido.

—Pequeño, tú vas a ser un grande, qué digo, ya eres un grande —y chocaron la mano.

Para Luis se paró el tiempo en ese momento. Ya no pudo decir nada más.

El jugador entonces se acercó a Antoñita, que intentaba sin éxito controlar sus lágrimas.

—Esto que hacéis no tiene precio —le dijo ella.

—No, lo que hacéis vosotras y lo que tenéis que seguir consiguiendo. Nosotros solo damos patadas a un balón, vosotras sí que tenéis mérito, esto es lo que no tiene precio. —Le dio un beso en la frente.

El tiempo que estuvieron juntos no pudo durar más de cinco minutos. Fue un visto y no visto después de tantos días de espera, pero la duración era lo de menos. Poder hablar y palpar a los ídolos que normalmente ves tras la pantalla del televisor, sentir que ahora mismo están a tu lado, para los pequeños era una sensación indescriptible, pero para Luis, que era un gran hincha gracias a la afición de su padre y, también hay que reconocerlo, gracias a las visitas que le proporcionaba el estar ingresado en Sevilla, era un sueño hecho realidad.

Mayores y pequeños lograron olvidar por qué estaban allí, sus enfermedades, sus dolencias, las complicaciones que habían tenido, que estaban pasando las fechas navideñas lejos de los suyos y que no sabían hasta cuándo iba a durar todo esto. Por un momento todos fueron blanquiverde y dejaron a un lado los malos momentos. Luis abrazó con fuerza a su madre. Este ingreso ya no sería recordado como el del segundo trasplante fallido sino como el de la vez que conoció a los jugadores del Betis.

Retomar la vida
tras el segundo fracaso

La vida volvía a la tediosa rutina. Cotidianidad de intercambios en el cuarto de diálisis, de planes dejados a medias porque los plazos entre cambio y cambio cada vez se acortaban más, señal de que la función renal iba empeorando, de carreras hasta el hospital… Pero, a su vez, de días aprovechados al máximo cuando la salud lo permitía, de excursiones en la «furgoneta-hospital», de ver cómo Luis crecía a pesar de tenerlo todo en contra. Paralelamente las ojeras de Antoñita también se hacían más grandes, aunque ella ni se paraba a pensarlo. Lo importante era que Luis estuviera bien.

Desde que habían empezado con la diálisis peritoneal en Chiclana, la casa había vuelto a la supuesta normalidad. Su suegra ya no vivía con ellos, Juan Antonio ya podía vivir con sus padres como cualquier otro niño de su edad y ella y Juan sabían que si no había hospitalizaciones cada noche dormirían juntos, pero el estrés que conllevaba para Antoñita empezaba a pasar factura. Se había acostumbrado a no dormir nunca del tirón, a veces un ingreso podía ser un descanso porque las enfermeras se encargaban de la diálisis, pero no era una persona que se quejara.

Su hermana, su cuñada, su suegra, todas se interesaban y le preguntaban cómo iba todo, pero ella siempre daba la misma respuesta: Bien. Nunca un «estoy harta», o un «ya no puedo más». Al contrario, algunas veces las otras se veían compartiendo con ella problemas sin importancia como si fueran cuestión de vida o muerte y, de repente, se daban cuenta de la situación de su interlocutora y se sentían absurdas. Antoñita no escogió ser fuerte, simplemente se hizo fuerte.

En una de las revisiones en Sevilla, Charo coincidió con Antoñita y la enfermera notó su cansancio. Era un agotamiento que estaba harta de ver en las madres de los niños con enfermedades renales. Entre los enfermeros se escuchaba de todo: parejas que se había separado a raíz de la enfermedad porque era muy dura y las peleas eran continuas; parejas que se habían enfriado porque la parte que se quedaba al cuidado del niño siempre estaba al margen y la que estaba fuera del hospital rehacía su vida; maridos que habían abandonado a sus mujeres porque las hacían responsable absurdamente de la enfermedad, incluso mujeres que llegaban a echarse la culpa. Afortunadamente, Antoñita nunca se sintió así. Siempre que alguien alababa su entrega y dedicación ella contestaba: Sin Juan no podría hacerlo, él es mi mayor apoyo. Eso no pasaba desapercibido para el resto. Pero la falta de sueño y el exceso de responsabilidad recaían sobre ella y empezaba a afectarle. Luis tenía siete años, pero desde que decidieron que la diálisis se hiciera en Chiclana eran noches, días, meses, años, en lo que no podía bajar la guardia ni un momento. Charo no solo lo notó sino que se lo comentó a las médicas de Luis, que también llevaban meses hablándolo, y fue cuando se decidieron a hacerle la propuesta. Sabía que era idónea, que estaba más que preparada y ahora podía haber una opción posible, ya que uno de los niños les había abandonado tras una complicación de la que no consiguieron salir.

Desde comienzos de los años 60 se utilizaban máquinas para la realización de la diálisis peritoneal de forma automática, pero las máquinas eran muy voluminosas y su uso era exclusivamente hospitalario. El líquido de diálisis, no venía en bolsas de plástico sino en botes de cristal y ofrecían muy pocas opciones de tratamiento. Su aplicación era en sesiones de doce horas, en días alternos. Pero, en los años ochenta, se desarrollaron unas máquinas semiautomáticas que permitían programar un determinado número de ciclos de diálisis. De aquí surgió el concepto de «cicladoras». Eran unas máquinas que controlaban automáticamente el tiempo de intercambio, drenaba la solución usada y llenaban la cavidad peritoneal con la nueva solución. Es decir, realizaban el limpiado de la sangre mientras el paciente dormía. Posteriormente, se pudieron utilizar diferentes concentraciones de líquidos de diálisis. Esto, unido a la mejora de los catéteres y las fístulas, permitió que los pacientes la usasen en sus casas, con una trasformación muy importante, que fue una gran revolución en sus vidas. La diálisis se realizaba sola por las noches: diálisis peritoneal nocturna automática.

Cuando Antoñita escuchó lo que le proponían las médicas no sabía qué pensar. Dormir toda la noche le parecía, nunca mejor dicho, un sueño hecho realidad, pero ella ya controlaba los cambios, sabía qué cantidad necesitaba

Luis y todo le iba muy bien, ¿para qué cambiar? ¿Para qué arriesgarse? ¿Y si se movía por la noche y no funcionaba la máquina? Si de todas formas ella no iba a poder dormir… Eran las mismas dudas que le surgían a todas las madres cuando le hacían la propuesta. Era lógico, la maldita zona de confort que te hace sentir seguro porque controlas todo, aunque ese todo sea no dormir y malvivir a cuenta de un reloj.

Pero para eso están los profesionales. Le explicaron a Antoñita que no era obligatorio, pero que la decisión se tomaba por el bien del paciente. Primero porque él mismo podrá ir al colegio con más libertad, se podrá relacionar mejor con otros niños, no se perderá momentos que son importantes para su formación, su crecimiento como persona y para su vida. Además, añadieron que si ella estaba agotada no podría estar preparada para otras fases de la enfermedad que podían llegar y, entonces, ¿quién se encargaría de Luis?

El personal sanitario era consciente de que la enfermedad renal es una enfermedad familiar y que una madre en estas circunstancias siempre antepone el bienestar de su hijo al suyo. Antoñita, como siempre, contestó que lo hablaría con Juan, aunque antes de levantarse pidió todos los detalles, cómo se haría, cuánto tiempo tardarían en enseñarle, de dónde salía la máquina, cuánto costaba, si las bolsas se las mandaría igual que hasta ahora… Todo lo que se le ocurrió.

Sin darse cuenta, ya estaban en casa con la máquina instalada y preparados, o eso pensaban, para la primera noche. En la cabeza de Antoñita no dejaban de repetirse las frases de Charo:

—Las máquinas son muy fáciles de usar, tienen dispositivos de seguridad incorporados. Es mucho más fácil de lo que has hecho hasta ahora.

Ella, mientras se lavaba una y otra vez las manos con ese líquido desinfectante tan fuerte, pensaba en cómo un aparato tan pequeño del tamaño de la maleta del colegio de sus hijos podría ser tan importante ahora mismo en sus vidas.

Pasó la primera noche y todo salió bien, aunque Antoñita no durmió nada y Luis tampoco. A él desde un principio le pareció bien el cambio, él sabía que lo que decidiera su madre estaba bien decidido. Además, solo tenía siete años y lo único que veía es que durante todo el día iba a poder hacer lo que quisiera

—¿Ya no me tendré que volver del fútbol antes de que termine el partido? —Fue lo primero que preguntó cuando supo de la existencia de la cicladora.

Luis era un niño, y sus padres siempre habían luchado para que lo siguiera siendo. Para que no se preocupara de si se iba la luz y la máquina se paraba y no se completaba el ciclo, habían contratado más potencia de luz. En el fondo era lo que querían, que sus preocupaciones fueran perderse el cumpleaños de uno o volverse de la fiesta de otro.

Las primeras semanas no fueron fáciles, pero es cierto que Antoñita se fue relajando. Ya no ponía tantas alarmas a lo largo de la noche y, de repente, se descubría dormida junto a la cama de Luis y era él el que le avisaba de que ya había terminado, y que quería ir al baño, para que le desenganchase de la cicladora. Y si no dormía mucho por la noche, dormía por el día, porque las alarmas diurnas ya no existían, aunque, a veces, se sobresaltaba pensando que no se había enterado y se le había pasado algún cambio.

Dormir bien te cambia el carácter y, aunque Antoñita nunca se permitió que se le notara la falta de sueño, desde que la cicladora llegó a sus vidas ella se notaba más risueña y con más fuerza para disfrutar.

La temida diálisis

La diálisis nocturna trasforma la vida de los enfermos y de sus familias, para mejor, y la familia de Luis, se acostumbró rápidamente a lo bueno. Cuando se vive en una situación tan extrema como esta se valoran más las mejorías, aunque sean pequeñas y muy limitadas.

Decidieron, como siempre, aprovechar los días que le regalaba la vida sin infecciones ni ingresos, aunque no pudieran bajar la guardia y las manos de Antoñita tuvieran, cada día, más grietas y fueran más ásperas por los líquidos desinfectantes, que seguía usando para evitar infecciones en el uso de la cicladora.

Pero todo cambió cuando menos se lo esperaban y en un momento en el que Luis hacía por el día, prácticamente, lo mismo que un niño, y digo prácticamente porque cosas tan simples como beber un vaso de agua era algo que a él le estaba limitado. Medio litro al día podía tomar y Antoñita y Juan se las tenían que ingeniar para repartir los cuatro vasos mal contados a lo largo de la jornada. Hay dos cosas fundamentales que tenían que tener en cuenta en la dieta de Luis, los líquidos y los alimentos altos en potasio (porque el fósforo también era muy perjudicial, pero es que casi todos los alimentos lo tenían, era muy difícil de evitar).

Había que intentar que Luis no tomase alimentos que provocan retención de líquidos, ya que él no orinaba. No, no orinaba tal como conocemos el término orinar. Luis tenía una bolsita conectada a su cuerpo donde iban los residuos líquidos. Mientras estuvo en diálisis, nunca pudo ir al baño como el resto de los niños. Era fundamental no retener líquidos, así que en su dieta había que limitar productos tan imprescindibles para los niños como la leche y sus derivados, el pescado, las leguminosas, entre estas, las lentejas, los garbanzos. Y, a la vez, los productos ricos en potasio, como podían ser algunas verduras y frutas, como el plátano, la naranja… Por ejemplo, un zumo de naranja le afectaba en los dos sentidos, es líquido y además con alto contenido de potasio. Siendo dos niños en la casa y cuando no se quiere que uno de ellos se sienta distinto, hay que agudizar el ingenio. Antoñita siempre estaba ideando estrategias. Como a Luis no podía dárselo y sin embargo a su hermano le venía genial para el crecimiento, para los resfriados y para mil cosas por su alto contenido en vitamina C, Antoñita buscó una solución. Compró un vasito más pequeño que los normales, y le daba a Juan Antonio el vaso normal y a Luis el pequeño.

—Como él es más grande que tú se toma el vaso grande y como tú eres más pequeño pues el pequeño, —le explicaba con toda la lógica del mundo.

Así, el zumo no se distribuía por sano o enfermo, sino por edades, un concepto muy lógico entre niños. Con todo esto, lo que buscaba Antoñita era conseguir que Luis no estuviera obsesionado con ningún alimento, porque, si no, lo único que podía pasar es que, cuando ella no estuviera para controlarlo, su hijo abusara de esos productos que le perjudicaban por su enfermedad. Eso es lo que buscaba evitar Antoñita, que su hijo hiciera a sus espaldas lo que ella le restringía. Tampoco esto se lo enseñó nadie, no había charlas para padres de niños con enfermedades renales ni nada similar. El día a día hizo que fueran aprendiendo.

Llegó la primavera, y con ella las Primeras Comuniones. Ese año le tocaba a Luis, y si para todas las familias esta celebración se convierte en un día muy especial, para ellos aún más. Contra todo pronóstico había conseguido llegar a los diez años. Diez años de luchas, esfuerzos y superación. Pero a pesar de todo ahí estaban. Y tenían que celebrarlo.

Meses antes buscaron el traje. Estaba tan guapo de marinero, con su tez morenita y su pelo que aún era rubio. Lo único que quedaba era controlar que ninguna infección u otra complicación aguase el día, porque agua se esperaba, pero que fuese la de lluvia la única invitada. Y, como temían, una semana antes de la fecha a Luis le empezó a subir la fiebre y tuvieron que correr para Sevilla. Estaban resignados.

—Si estás bien, la haces ese día, pero, si no, tú tranquilo que no te vas a quedar sin hacerla. Es más, si la haces otro día vas a poder invitar a todos tus compañeros de clase —le explicaba Antoñita a su hijo buscando el lado bueno de cada contratiempo que encontraban en el camino.

Afortunadamente, dos días antes le dieron el alta. Eso sí, con un estirón incluido. Y es que a esas edades tener fiebre solía llevar aparejado crecer unos centímetros y en este caso fue suficiente para que tuvieran que salir a comprar unos zapatos nuevos para Luis porque se le habían quedado pequeños.

El veinticuatro de abril Luis pudo celebrar su Primera Comunión rodeado sus compañeros y amigos de siempre. Esos que lo trataban de igual a igual, a pesar de sus bolsas, sus tubos y sus cicatrices. Ellos, con los que el lenguaje del balón era el mejor idioma y que luchaban contra él en la cancha, a la vez que asumían sus limitaciones con total normalidad. Y junto a ellos recorrió el pasillo de la capilla de su colegio, con una sonrisa que resplandecía más que el blanco nuclear de sus vestidos. Junto a él, su amigo Juanma, compañero de juegos y de alguna que otra fechoría infantil. Sus padres no pudieron evitar que alguna lágrima cayese cuando Luis se acercó al micrófono para leer una petición con su vocecita aguda de niño y terminó diciendo: «Te lo pedimos, Señor».

Claro que se lo pedían, Antoñita y Juan cogidos de la mano repitieron ese sentido y convincente ruego a Dios, o mejor dicho a la Virgen de la Estrella que ese día era testigo de los sentimientos que acumulaba la familia por las vivencias arrastradas. Era una meta superada. Montaron una gran fiesta. Y no solo la familia y los amigos participaron del festejo también invitaron a la celebración al personal sanitario de Sevilla, que ya se había convertido, a base de superar momentos duros juntos, prácticamente en su familia. No era frecuente, por no decir que era la primera vez que sucedía, que cuatro enfermeras decidieran desplazarse, a dos horas de distancia, un día de descanso, para acompañar a un paciente a un acto tan íntimo como una Comunión. Pero lo hicieron. Llevaban muchos años compartiendo el padecimiento de Luis y de su familia, presenciando momentos duros y también alguno alegre, y aprendiendo juntos, de los fallos y de los aciertos. Pero, sobre todo, habían vivido momentos en los que habían pensado que era el último. Sin embargo, allí estaban. A pesar de las múltiples complicaciones Luis seguía viviendo, y viviendo feliz.

Celebraron una comida por todo lo alto, en un restaurante de Chiclana. Disfrutaron mucho mayores y pequeños. Luis como nunca. Ese día comió todo lo que quería, incluso el temido chocolate, tan atractivo para los más pequeños, pero tan contraindicado para Luis por su alto contenido en fósforo. Ese día era suyo, mañana ya lo pensarían. Además a su lado estaban sus enfermeras; Amparo, Ana, Carmen, Charo y Margarita, con ellas cerca no podía pasarle nada malo. Se sentía invencible y corría de un lado para otro, claro, con el balón en los pies. Había algo que nunca olvidaría. Una de las enfermeras, Puri, que era muy especial para Luis, no pudo estar en Chiclana ese día, pero le hizo un regalo inolvidable. A pesar de que ella era muy sevillista y le hacía rabiar con los partidos Sevilla-Betis, consiguió un balón firmado por todos los jugadores del Betis para regalárselo. Luis se quedó mudo cuando lo vio. Y no solo por lo que era el Betis para él, sino por lo que significaba un balón para un niño supuestamente «enfermito». Era todo un talismán. Era el regalo perfecto. Todo era perfecto.

Llegó la noche. Luis seguía tan excitado que a Antoñita le costó trabajo incluso desvestirle. No dejaba de recordar cada momento del día, cada detalle, y se los narraba a su madre como si ella no hubiera estado presente. Había sido un día muy especial, y así se fue quedando dormido, enganchado a su máquina de diálisis, aunque sonriente, feliz.

Pero como la enfermedad renal nunca da tregua, un día llamaron a Antoñita del colegio porque a Luis le dolía mucho la tripa. Voló hasta allí y al verlo y hacerle un par de preguntas supo que era una infección y que se tenían que ir para Sevilla. Sabían que los pacientes que utilizan la diálisis peritoneal están expuestos a muchas infecciones, y el dolor en el abdomen y la fiebre eran síntomas claros. Lo que no sabían, cuando se dirigían al hospital, era que no volverían a usar la máquina que tanto bien les había proporcionado. Tras suministrarle varios antibióticos para intentar atajar la infección, acabar con la bacteria y que bajase la inflamación del peritoneo vieron que este había quedado muy dañado. Tenían que retirar el catéter para conseguir que curara. Tantas peritonitis continuas en un enfermo renal pasan una gran factura y llegó la noticia que tanto temían los padres de Luis.

—Lo sentimos, pero tenemos que dejar descansar el peritoneo y Luis tiene que entrar en hemodiálisis. Más de la cuarta parte de los pacientes pasan a hemodiálisis por peritonitis, es muy frecuente. Todo va a salir bien.

Antoñita sabía lo que suponía la hemodiálisis: Tener que venir tres veces a la semana hasta Sevilla, que su hijo pasara toda la mañana atado a una máquina, con otros niños enfermos. Los había visto vomitar, cubiertos con unas mantas para evitar los escalofríos, con esto se acababan las excursiones, los viajes, los partidos interminables de fútbol… Hasta ese momento, ella había intentado hacerle a su hijo más llevadera la enfermedad con todo lo que estaba en su mano, aunque de su descanso y su salud se tratase, pero ahora ya no. No estaba en su mano.

—Mira, mamá. Si vamos a venir tanto a Sevilla, algún día podremos hasta escaparnos otra vez al estadio del Betis, ¿verdad, papá? —le dijo mientras la agarraba de la mano. Y, una vez más, no les quedó más elección que ser fuertes.

La primera vez que entras en una sala de diálisis infantil no se te olvida fácilmente. Ver esas caritas, todos en las camillas, sus bracitos con las agujas clavadas y las bolsas de sangre colgando… Hay que ser de otra pasta para poder sonreír al entrar en ella cada día, para hacer que los niños rían con las bromas a pesar de su situación, para enseñarles canciones, contarles cuentos… Porque eran las únicas herramientas que los sanitarios tenían en esa época para hacer más llevaderas las seis horas de media que pasaban los niños enganchados a la diálisis. Con eso los entretenían y también con la ayuda de una profesora de apoyo que iba al hospital para que los niños no perdieran tantos días de clase. Para ellos era bastante complicado, no solo tenían el ritmo de aprendizaje perdido sino también las rutinas de enseñanza, por lo que a pesar de que la maestra y los niños ponían todo el empeño que podían, sus limitaciones hacían que todo fuese más que complicado. Por ejemplo, algo que era muy frecuente que se enseñara a los niños eran los quebrados y si para casi ningún niño las matemáticas son fáciles, a ellos se les hacía cuesta arriba. Por eso, las enfermeras intentaban mediar sin que la profesora se diera cuenta. Ellas creían que eran esfuerzos en balde, pensaban que ninguno de los pequeños conseguiría salir adelante, por lo que priorizaban los tiempos de juegos y de sonrisas.

Los niños a esas edades no tienen la vivencia de enfermedad que tienen los adultos. Pensaban más en jugar en el pasillo al balón, que en las horas de diálisis. Y eso que se encontraban realmente mal. No comían bien, sufrían vómitos, bajadas de tensión, mareos… Más tarde se descubrió que suministrando bicarbonato a los enfermos renales algunos de estos síntomas desaparecían. Además, las fístulas fallaban mucho y no marchaban correctamente y dejaban de funcionar, no había otra opción que pincharles directamente en la piel y esto, además del dolor que provocaba, aumentaba el riesgo de infecciones. Más y más complicaciones.

En el momento que llegó Luis a diálisis, había unos veinte niños que necesitaban este tratamiento, aunque en hemodiálisis eran menos, unos diez. Y ya no sólo se desplazaban desde toda Andalucía sino también algunos acudían desde Extremadura y no era algo puntual, tenían que acudir días alternos si todo iba bien, si no, aumentaban la frecuencia. Había niños que iban desde Algeciras y se levantaban a las cuatro de la mañana, y hacían unos doscientos kilómetros. A eso se le sumaban seis horas de diálisis, que, si se le añadía el tiempo de montar todo el operativo y desmontarlo, subía hasta ocho horas. Aproximadamente a las tres de las tarde se les liberaba, después de recibir su tratamiento. Cuando llegaban a casa ya era de noche, y cuando se levantaban tenían que hacer su vida normal, con clases, estudios, etc. Y al día siguiente de nuevo a Sevilla. A todos les unía la dependencia a la máquina, aunque fueran muy distintos entre sí, y no solo en lo que respecta a sus reacciones ante el método médico sino a su forma de enfrentarlo, y también sus familias.

Bastaba recorrer la sala de tratamiento para notar todas esas diferencias y similitudes. Todos tenían ese color un poco amarillento que señala a los enfermos renales; todos eran más pequeños de talla de lo que indicaba su edad, todos poseían un brillo en los ojos que los diferenciaba… Pero cada uno era distinto, especial a su manera.

Filomena, Filo para el resto de sus compañeros, era muy delgadita, muy guapa, morena. No hablaba mucho, pero casi siempre tenía alguna muñeca durante la diálisis, parecía que era su apoyo, que le daba fuerzas. Era difícil verla protestar, pero a veces se le caía una lagrimita que los enfermeros hacían desaparecer con un buen achuchón.

Antonio González iba a la diálisis desde Córdoba. Era la reencarnación de Guillermo el Travieso, y no sólo por el remolino de su pelo que se asemejaba al protagonista de los tebeos, sino también porque era muy gamberro y, de vez en cuando, alborotaba la sala. También era necesario para que no se olvidara que, a pesar de la madurez que muchos habían alcanzado a base de ingresos en el hospital, seguían siendo niños.

Omar era marroquí. Un chaval muy reservado y tímido, casi no se le escuchaba. Las enfermeras tenían que sacarle con mucha dificultad cómo se encontraba. Incluso, a veces, solo se enteraban de que no se sentía bien cuando el pequeño vomitaba. Ellas luchaban por disminuir el choque cultural e intentaban enterarse de sus costumbres para que él se sintiera integrado, pero no se lo ponía muy fácil. Tampoco lo hacían sus padres, que, aunque afortunadamente habían accedido a que recibiera el tratamiento a pesar de sus reservas iniciales, no eran muy activos y a veces los sanitarios tenían casi que adivinar por qué las analíticas habían empeorado para poder ver qué era lo que fallaba y corregirlo.

Omar era todo lo contrario que Carlos. Un chico de Sevilla, hijo único. Sus padres eran aparejadores y se habían separado como consecuencia de su enfermedad. Los dos intentaban que su hijo lo tuviera todo y que la separación no le afectara, por lo que no había cosa que pidiera que no consiguiera al momento. Carlos se quejaba a diario por el tratamiento, si no le llevaban un regalo diario pataleaba para que no le pincharan, se retrasaba el inicio de la diálisis y se alteraban los horarios de la persona que ese día le hubiera llevado. Era un claro ejemplo de los padres que sobreprotegían a sus hijos por su enfermedad. Carlos, desde que empezó la hemodiálisis, no iba al colegio.

—Me da mucha pena que madrugue después de haber pasado todo el día aquí. Además, ¿y si le pasa algo en el colegio? —explicaba su madre a la maestra cuando le decía que Carlos iba muy atrasado respecto a su edad. No le llevaban al colegio, no se relacionaba con otros niños de su edad que no estuvieran enfermos, lo sobreprotegían, lo metían en una burbuja, lo aislaban. Y esto siempre tenía sus consecuencias.

Algunos iban ganando en madurez y otros en todo lo contrario. Niños mal criados, que se negaban a todo lo que decían las enfermeras y con unos modales nefastos. Charo era una profesional que, por los años de experiencia, había aprendido a empatizar tanto que tenía una paciencia encomiable. Pero que se levantara la voz, se hablase mal o se dijeran palabrotas era algo que le sacaba de quicio y no toleraba entre sus pacientes.

—No voy a consentir que a mis pinos me los nombre cada vez que le tengo que pinchar —le dijo muy enfadada a una de las madres tras recibir insultos a diario de uno de los pequeños.

Tanto es así, que el niño llegaba a tirarse de la cama para que no le hicieran la diálisis. Y es que dar más nunca significaba educar mejor y menos cuando se trata de cosas materiales. Los niños terminaban la diálisis después de la hora de comer porque antes los médicos pasaban consulta, era entonces cuando casi todos los padres le llevaban cosas a los niños, que si unos lápices, que si un cuento… Pero Antoñita no. Ella llegaba, le daba un beso a su hijo, le preguntaba cómo había ido la sesión y le contaba lo que iban a hacer cuando llegaran a casa. Luis nunca pidió nada, aunque viese que todos los niños tenían juguetes. Y Antoñita no se lo daba porque creía que era la mejor manera de educar a sus hijos. No le hacía regalos a Luis, como tampoco se los hacía a su hijo Juan Antonio, si no era un día especial… Y, una vez, más no fue una decisión que se sentaran a meditar ni a consultar con un psicólogo, eran formas de proceder que Juan y ella sin hablarlo, sin someterlo a votación, habían ido implantando en sus vidas y creían que era el mejor camino. Y cuando miraban alrededor y veían en qué se estaban convirtiendo algunos de los compañeros de su hijo y la tiranía a la que sometían no solo a sus familiares sino también al personal sanitario, comprobaban que sí, que ese era el camino adecuado.

Pero cada familia es única. También había en el grupo un niño que siempre estaba con Luis. Eran amigos, pero, a la vez, se tenían un poco de envidia, y se disputaban el ser el preferido de Charo. Se llamaba Rafa y a su madre le quedó grande la enfermedad y los cuidados que requería su hijo. Su habitación estaba muy cerca de la de Luis, y cuando él escuchaba que Charo entraba por el pasillo y le decía: «¡Ay, mi niño, Rafa!», la imitaba repitiendo con sorna, pero siempre entre risas. Nunca fue un niño excluyente. Todo lo contrario, parecía que, a pesar de su edad, notara que su compañero necesitaba de más atenciones que él. Todo el que trató a Luis coincide en recordar que siempre fue un niño especial, hacía con todo el mundo, y también aseguran que era algo que tenía interiorizado gracias a su familia.

También formaba parte del grupo de diálisis Paco, un chaval bastante peculiar, ya que no solo tenía dificultades renales, además, padecía problemas en las piernas y en la cabeza. Aunque los niños no sabían el diagnóstico exacto, notaban que estaba peor que ellos y que tenía una especie de retraso, esa indefensión hacía que lo protegieran más y lo quería todo el mundo, el primero Luis, que siempre le hablaba sin tener muy claro si Paco entendía lo que le decía, o no.

En esas fechas había muchos niños dializándose porque aún no existía la prioridad de los niños en la lista de espera ante un posible órgano, eso llegó más tarde, aunque sí existía ya la opción de que el riñón llegara de sus propios familiares.

Ese fue el caso de Beatriz. Esta chica protagonizó el primer trasplante pediátrico de vivo. El hospital aún se llamaba García Morato y fue su madre la que le dio uno de sus riñones. A pesar de todo el esmero con que se hicieron los preparativos y la intervención, las dos salieron del quirófano sin el riñón, en ese momento no había mucha experiencia y no se consiguió conectar con éxito el órgano donado a la receptora. Fue una gran decepción y no solo para la familia sino para todo el equipo médico que no entendía qué podía haber fallado. Es sorprendente que a pesar de esto, y de que no fue el único rechazo sino que tuvieron que vivir al menos tres más, la madre de Beatriz, aun siendo muy creyente, nunca quisiera rezar para que le llegara un órgano a su hija.

—Si pido un riñón siento que estoy deseando que una persona muera para salvar a mi hija, y eso nunca me podrá parecer bien —explicaba entre lágrimas, pero con una serenidad aplastante que además cobraba más fuerza al saber que Beatriz no era la única de sus hijas que tenía problemas renales.

Los niños entraban en la sala de diálisis sin acompañantes. En el turno de Luis, los padres dejaban a los pequeños en las manos de Emilia, Encarna y Mamen, ellas se encargaban de que el tratamiento fuera bien, mientras la sala de espera se convertía en todo un confesionario. Quizás los primeros días costaba más trabajo abrirse con el familiar de otro de los niños, pero sufrir juntos crea la atmósfera necesaria para que en poco tiempo pareciera que se conocieran de toda la vida.

Allí fue donde Antoñita aprendió muchas cosas, con otros padres, bueno sobre todo con otras madres. Entendió que no era la única y, es más, paradójicamente en algunos momentos se sintió hasta afortunada por ver que otros lo estaban pasando incluso peor que ella, por la forma de afrontar la enfermedad, por complicaciones en el tratamiento, porque en otros casos el amor de pareja no había sido tan fuerte como el de ella y el de Juan y la enfermedad había roto el matrimonio, porque ellos tenían una familia en la que apoyarse, porque, a veces, era Luis el que le daba fuerza a ella y no al contrario, porque su hijo nunca pedía más de lo que se le daba y se había convertido en un niño cariñoso y humilde con el que todos se llevaban bien y al que todos querían, algo que no habían conseguido otras madres… Se convirtieron en una gran familia, salían a comer juntas y se apoyaban. Había días que hasta conseguían olvidarse de por qué estaban allí y compartían algunas risas, otros días no había fuerzas ni para eso. Quizás tu hijo ese día estaba mejor y no había vomitado, pero ¿cómo ibas a estar alegre si el de otra había empeorado y tras salir de hablar con los médicos se derrumbaba? Citarse con los facultativos siempre era duro porque pocos días había buenas noticias y ellas lo sabían. Eso hizo que en poco tiempo estrecharan lazos e hicieran una gran piña, un gran equipo de apoyo.

Gracias a esta fuerte unión, Antoñita conoció la donación en vida, a través del caso de Beatriz. Pero ni siquiera por eso se paró. Le preguntó a los médicos y supo que había que ir a Granada, era el único sitio en Andalucía que hacían las pruebas, se trataba de un análisis de sangre, y a partir de ahí se sabría si el órgano era o no compatible con Luis. Fueron tanto Antoñita como Juan. Juan estaba deseando ser él el compatible. Ya había sufrido demasiado Antoñita estos años, ahora él quería recompensar todo ese esfuerzo. Por su parte Antoñita quería ser ella. Después de unas semanas de dudas y vacilaciones, llegaron los resultados de las pruebas. Ninguno de los dos tenía una compatibilidad muy alta, quizás la más compatible sería Antoñita. En caso de donación, la escogida sería ella reforzada por el hecho de que Juan había tenido hepatitis y se desaconsejaba el uso de su órgano. Fue el destino quien señaló a la madre como posible donante, aunque en el 90 % de los casos era la mujer la que donaba. Y no por motivos médicos.

En el primer periodo se convocaba a toda la familia, acudían muchas personas, no solo los padres, los hermanos, los tíos, los abuelos… Y se les explicaba en qué consistía el proceso. Después se les convocaba de nuevo para tomar las muestras, ahí la cantidad disminuía, y se solían quedar, como mucho, padres, abuelos y algún tío. Pero a la tercera fase, en la que se comunicaba quién podía ser compatible y a partir de ese momento qué camino seguir, en el 90 % de los casos solo aparecía la madre. Quizás fuese por la situación social de la época, quizás porque en la mayor parte de los hogares el hombre era el sostén económico o porque las mujeres están más preparadas para el dolor, quién sabe. Lo único objetivo es la cifra; solo un 1 % de las mujeres decía que no a donar un órgano a su hijo, frente a los hombres que ni siquiera terminaban el proceso para no tener que negarse. En este caso no fue así. Juan estaba dispuesto, Antoñita también, nunca dudaron. Pero, al final, la decisión fue esperar. Además, después de dos intentos fallidos todo se revisa más y, sobre todo, cuando empezaban a pensar que la compatibilidad con Luis cada día era más difícil. Incluso habiendo encontrado órganos que eran compatibles no lograban que funcionaran. ¿Por qué? ¿Qué ocurría? En esas fechas se empezó a poner en duda los beneficios de las trasfusiones que eran obligatorias antes de recibir un órgano. En los ochenta muchos estudios atestiguaban que en el trasplante renal los pacientes trasfundidos evolucionan mejor que los no trasfundidos y que las trasfusiones eran la causa de esta mejor evolución. Se llegaba a esta conclusión aunque se dudaba sobre los mecanismos de esta acción beneficiosa y sobre el protocolo a seguir; número de unidad a trasfundir tipo de sangre, momento ideal para las trasfusiones, importancia de la sensibilidad que pueden provocar… Eran tan importantes estas trasfusiones que eran indispensables antes de recibir un órgano. Es más, había incluso situaciones límites, por ejemplo el caso de una niña que tenía el grupo sanguíneo AB negativo, que no es muy frecuente. Necesitaban urgentemente para trasfusiones y no había reservas de sangre. Llevaban varios días esperándola.

—Charo, si mañana no hay sangre, ¿qué va a ser de mí? —le decía la pequeña a la enfermera.

Tan imprescindible era que Charo, después de dar mil vueltas a la cabeza, le surgió una idea y no lo dudó. Se fue al convento de las hermanas de la Cruz para ver si alguna de ellas tenía ese grupo. Y dio en el clavo. Tuvieron sangre y se trasfundió perfectamente. Carmen ese día salvó el obstáculo aunque años después no pudo continuar la difícil lucha.

Pero ya se dudaba de si estas trasfusiones creaban una sensibilización del paciente que necesitaba el órgano y que podía llegar a dificultar o imposibilitar dicho trasplante. Como pasa en todo lo nuevo, se usaba el método prueba-error para ir avanzando. Había que probar, observar y decidir para seguir avanzando. ¿Eran buenas esas transfusiones?

La noticia de la poca compatibilidad de Luis con sus padres fue decepcionante para todos. El porcentaje de posibilidad de no rechazo era demasiado bajo para todo lo que suponía exponerse a la operación. Así que en consenso con los médicos decidieron esperar a que apareciese un riñón más compatible, Luis era joven y la lista iba más rápida para los menores. Una vez más, y sin saberlo, tomaron la decisión adecuada: Guardar su órgano para cuando Luis pasara a la lista de espera de adultos donde la situación sería más desfavorable para él.

La nueva vida

La familia se fue acostumbrando, si alguien puede adaptarse a algo así, a la nueva rutina que conllevaba la hemodiálisis. Tres días a la semana tocaba madrugón y viaje a Sevilla. Tres días a la semana en los que para Luis y Antoñita se paraba el tiempo en Chiclana y se hacían interminables las horas de carretera y de tratamiento atados a una bolsa.

Cosas del destino que el tío Antonio, el marido de Angelita, del matrimonio que se habían hecho cargo de Juan Antonio durante los largos y continuos ingresos en Sevilla, había tenido que cambiar de trabajo. Siempre se había dedicado al mantenimiento en una empresa. Se movía bien reparando máquinas, objetos inanimados, pero ahora su cometido iba a ser bien distinto. Le habían ofrecido trabajar conduciendo una ambulancia.

—Angelita, ¿tú crees que podré? Que aquí no hay máquina que valga, estamos hablando de trasladar a personas y que quizás sus vidas dependen de cuánto tardemos en llegar al hospital.

Angelita siempre le respondía lo mismo con convicción.

—Todo pasa por algo y tú puedes con todo lo que te propongas.

Y por eso aceptó el trabajo y como el destino es así de caprichoso quiso que Luis y Antoñita no estuvieran solos en esta nueva prueba que le ponía la vida. Antonio les recogía bien temprano y les hacía más llevadero el camino hasta el hospital. Aunque la ayuda fue mutua, porque a él también le vino bien este apoyo inicial y le tranquilizaba saber que ese día su desplazamiento no sería de vida o muerte y que podría ver a su sobrino.

Luis siempre había tenido una conexión especial con su tío Antonio desde que era muy pequeño. Tenían un humor semejante y congeniaban a la perfección. A su tío le encantaba gastarle bromas o incluso mosquearle un poco cuando lo conseguía. Con el paso del tiempo y las vivencias en la ambulancia comenzaron a tener una unión diferente e incluso a detectar cómo estaba el otro solo con intercambiarse un par de palabras. A Antonio le bastaba tomar prestado el saludo de los dibujos animados de moda en el momento, *Pixie y Dixie,* para notar su tono y ver cómo había ido el día. Un «¿qué tal, Pixie?» era suficiente para arrancarle un sonrisa a Luis, los escasos días que no lo conseguía, es que algo le rondaba en la cabeza. Pero la conexión era recíproca y muchas veces era Luis el que se adelantaba y decía:

—Al *pupá* lo que le hace falta ya es una copita. —Y le cambiaba el semblante.

El trabajo de Antonio no era fácil. Tener que correr a un accidente y llevar a personas entre la vida y la muerte, llegar a una casa para recoger a una persona fallecida y descubrir un hogar descuidado con cuatro niños durmiendo en la misma cama y que seguramente el único dinero que entraba era el de la pensión del abuelo que te llevabas… Estampas reales, y por eso aún más graves, con las que aprendía a valorar la suerte que tenía en la vida. Y Luis era uno de esos ejemplos. Si uno de los hijos de Antonio y Angelita tenían que acudir al médico aunque fuese por una simple vacuna, ya él lo pasaba mal, si podía se tapaba los ojos para no ver el momento del pinchazo, pero a fuerza de vivir situaciones extremas fue cambiando. Su sobrino y su cuñada fueron los que más lecciones de vida le enseñaron en los cinco años que estuvo detrás del volante. ¿Cómo podían tener tanta fuerza con todas las complicaciones que les surgían en el camino?

Pasados los años siempre recordarían que los madrugones eran tan grandes que uno de los días a Antonio le costó despertar e iba un poco tarde. Cuando se montó en la ambulancia vio que algo le había caído en el cristal delantero y que ni con el agua de los limpiaparabrisas era suficiente. Le pidió a su mujer que le diera un trapo, y ella le tiró unos calzoncillos antiguos que los tenía apartados para hacer paños. Era tan temprano, estaba tan oscuro que ninguno de los dos se dio cuenta. Antonio recogió a su sobrino y su cuñada a tiempo y hasta ahí todo fue normal. Fue cuando pasó a recoger a la familia tras la diálisis, ya había sol y Antoñita al montarse en el sillón de copiloto se encontró unos calzoncillos arrugados y manchados en el suelo. Antonio lo intentaba explicar y cuanto más lo contaba más surrealista sonaba la historia y más rojas se le ponían las mejillas. Le caían goterones por la frente y eso que no hacía calor, Antoñita se reía y Luis le lanzaba más preguntas incómodas para las que su tío no encontraba respuesta. Ese día Luis había ganado a Dixie.

Llegara como llegara Luis del duro día de diálisis, aún no le había dado tiempo a su tío a cerrar la puerta y él ya había salido cuesta arriba con el balón a buscar a sus amigos. Parecía imposible, madrugón, viaje, horas con un brazo pinchado, los efectos adversos que provocaba el tratamiento… Pero nada le paraba, y si sentirse un niño sano era no perderse una tarde de juegos con sus amigos, no lo haría. Y no sabemos qué parte era que la actitud le hacía no sentirse tan mal o que aunque se sitiera mal, creó una máscara que le sirvió para cambiar su concepto del dolor y del padecimiento. No se permitía sufrir. No se permitía caer. Y si veía que no podía tampoco lo demostraba. Había aprendido a incluir tácticas en su día a día para que no se notase los efectos de la enfermedad. Si no tenía mucho fondo físico, se peleaba siempre por ser el portero, porque decía que era la posición que más le gustaba y casualmente era la que menos esfuerzo físico requería.

Tanto evitaba que se le viera como un enfermo que, un día, se fue con su tío Antonio de paseo y como nunca se quejaba no calcularon que se habían alejado demasiado de casa y que después había que regresar. Al notarse débil Luis no dijo nada, simplemente se sentó. Cuando su tío le decía que tenían que irse, que se tenía que levantar, que se hacía tarde, él permanecía inmóvil. No se quejaba, no daba explicaciones, pero tampoco se movía. Ya no era un bebé, Antonio no podía cogerlo en peso y deshacer todo el camino. Tampoco existían los teléfonos móviles, por lo que no podía llamar a nadie para que fuera a recogerlos, así que simplemente se sentó junto a su sobrino y esperó.

Cuando notó que el pulso del chaval se relajaba y que la respiración dejaba de ser entrecortada, vio cómo Luis se levantaba y le decía con total normalidad «vámonos ya».

Un año y medio tuvo que estar Luis en diálisis desde que rechazó el segundo trasplante no obstante era un periodo razonable si se tenían en cuenta que había muchas personas en lista de espera que necesitaban el ansiado riñón. No obstante, los niños consiguieron por esos años una ventaja que hoy en día siguen teniendo los menores andaluces. El jefe de la unidad pediátrica acudió a un congreso en el que se habló de la importancia de que los niños estuvieran el menor tiempo posible en diálisis, no solo por los problemas que ocasionaba este tratamiento en el crecimiento a edades tempranas, sino porque ellos serían los pacientes del futuro y cuanto mejor llegaran a la edad adulta más éxito médico podían tener. Es algo que ni siquiera hoy se da en todas las comunidades autónomas y un tema bastante controvertido.

Toda la familia se acostaba ya pensando en si esa noche les llamarían para un posible trasplante. Ya lo habían incorporado a su vida como algo posible, frecuente. En el tiempo en la lista de espera les llegaron a llamar hasta trece veces y siempre se repetía el mismo patrón. Recibían la llamada y empezaban las carreras. Se sucedían momentos de nervios, de esperanza, ahora dejaban a Juan Antonio con su tío Manolo, hermano de Juan, que, afortunadamente, vivía con su familia en la planta de abajo, y salían corriendo para Sevilla. Intentaban no ilusionarse, pero era imposible no hacerlo, aunque cada oportunidad no alcanzada hacía que se hicieran más maduros para afrontar la siguiente, sobre todo Luis, que si ya de por sí era un niño muy sensato para su edad, tras cada trasplante daba una lección a todos.

Ese día no fue una excepción. El 13 de octubre no era un miércoles cualquiera, el día anterior había sido festivo por la Hispanidad y muchos habían aprovechado para viajar por carretera. Ese podría ser uno de los motivos por los que la noche antes, Antoñita se durmió con una extraña sensación en el cuerpo que acabó cuando sonó el teléfono y confirmó lo que llevaba toda la noche presintiendo. Quedaban solo dos meses para que se cumplieran tres años del último golpe cuando tras el trasplante el rechazo fue instantáneo. Tres años en los que habían llegado a acostumbrarse a lo tedioso de depender de una máquina y más aún cuando pasaron a hemodiálisis, pero soportar los madrugones, los viajes continuos y a las complicaciones nunca puede significar dejar de luchar, porque el cansancio iba pasando factura, las analíticas iban empeorando y además las infecciones y los problemas con la fístula no desaparecían, por eso cada día soñaban con que el deseado órgano llegase.

Luis, Antoñita y Juan iban camino a Sevilla, todos disimulando los nervios y aparentando tranquilidad, haciendo planes en la capital por si, finalmente, la donación no salía bien. Y ese fue el momento. Juan tuvo que dar un frenazo y todos vieron el motivo. Un gato negro se les había cruzado y tuvo que usar todos sus conocimientos como buen conductor para no atropellarlo o tener un accidente. Era día trece, era la decimotercera vez que les llamaban para un posible trasplante y se les había cruzado al paso el culmen de las supersticiones. En ese momento Antoñita no solo lo supo, sino que lo verbalizó, «este es», refiriéndose a que el riñón que les esperaba sería el que les sacaría de la situación que vivían. Ninguno de los dos habló, pero viajaban con una sensación distinta hacia el hospital, de tranquilidad.

Las compatibilidades con Luis cada vez eran más difíciles. Si se unían a los diversos anticuerpos adquiridos por las múltiples trasfusiones, los provocados por los dos trasplantes fallidos, se convertía casi en misión imposible. Pero ese era su día y ya se lo llevaban para el quirófano. Antes de empezar con el trasplante tuvieron que hacerle la fístula que le había dejado de funcionar. La enfermera Charo no se separaba de él. Estaba en la UCI cuando escuchó que Charo le decía:

—Mira quién está aquí.

Era Antoñita con los ojos brillantes de ilusión, de esperanza.

—Papá te manda un beso fuerte y Juan Antonio ya está en camino con los tíos, ¿tú cómo estás —le decía, intentando que no se le quebrara la voz.

—Yo estoy bien, mamá, no te preocupes. Si Dios quiere este ya es el último, y, si no, no pasa nada.

Luis nunca perdió ni la compostura ni la esperanza. El sufrimiento te puede servir para hundirte o para crecer. En este caso no pudieron escoger que la enfermedad renal se colase en sus vidas, pero sí eligieron cómo vivirla, con otra perspectiva, desde la esperanza en lugar de hacerlo desde el rechazo. Y Luis lo había interiorizado desde bien pequeño.

El día de su tercer trasplante solo tenía diez años, acababa de celebrar su Comunión, ¡qué distinta su reacción a la de esos niños que se enfadan porque en la celebración no le habían regalado lo que querían! ¡Qué diferente!

En el proceso de tratamiento no les había ido bien, es más, les habían surgido complicaciones que a otros no les ocurría. Habían tenido que acudir trece veces por posibilidad de trasplante y solo en tres fueron válidos. Luis había rechazado dos riñones antes de ser dado de alta. Había tenido problema en los huesos, con el catéter, con la fístula, incontables infecciones… Muchos chavales, cuando la operación salía mal, se volvían muy rebeldes, le echaban las culpas a todo el mundo, a los médicos, a los enfermeros, incluso a sus padres, y eran reacciones dentro de la normalidad. Mientras, las médicas en sus informes, y aunque en esa época no se registraban muchos detalles del estado anímico, no podían evitar escribir: «se le ve contento», «feliz», «se muestra activo», «con apetito», a pocas horas de una intervención tan dura y complicada como un trasplante y su posterior rechazo.

Pero, evidentemente, aunque esta vez el órgano comenzó a funcionar, tampoco fue fácil su aceptación. Durante meses tuvieron que estar entrando y saliendo del hospital. No había señales claras de rechazo, pero las analíticas no estaban bien. Había valores que estaban demasiado altos, así que le ingresaban, le ponían medicación, le hacía pruebas y esperaban a que bajaran y lo mandaban para casa fijando una nueva fecha de analítica. Pero volvía a pasar, y así estuvieron meses hasta que los resultados se fueron normalizando, y también sus vidas.

Aún les parecía imposible, les costaba hacer planes a largo plazo, siempre que iban a Sevilla temían tener que quedarse allí por nuevas complicaciones. Aún se despertaban sobresaltados alguna mañana pensando que se habían quedado dormidos y no llegaban a la diálisis. Todavía la habitación de la diálisis peritoneal estaba intacta, aunque ya llevaran tiempo sin poder usarla. Había una cosa, que puede parecer insignificante, pero que les recordaba a diario que sus vidas habían cambiado; algo muy simple y no por eso menos importante y real, cada vez que Luis le gritaba con ilusión a sus padres:

—¡Tengo pipí!

Y se iban corriendo al cuarto de baño a verlo orinar como si de todo un acontecimiento se tratara. Si estaban en la calle se enteraba todo el que estaba alrededor, y no les importaba que, quien no supiera el motivo, les pudiera tachar de locos. Incluso, cuando empezó a establecerse como algo normal o Luis estaba en el colegio y no podía gritar voy al baño a orinar, cada vez que escuchaba como el chorro salía sentía cómo se le saltaban las lágrimas, no podía evitarlo. Tenía solo diez años, pero había necesitado toda su vida para conseguirlo.

Comenzó un año nuevo y, sin saber en qué momento concreto sucedió, se sintieron una familia normal. Quizás el trabajo previo de la familia de aprovechar cada momento, de vivir cada oportunidad, de exprimir cada día, hizo que en muy poco tiempo se acostumbraran a lo bueno de su nueva vida y pensaran que era pasado todo el padecimiento de la enfermedad.

Siete meses después del trasplante de Luis la vida de la familia Rodríguez Guerrero volvió a estar patas arriba.

Los planes de Juan y Antoñita llevaban años parados, la prioridad siempre había sido cuidar a Luis y que Juan Antonio estuviera atendido. Sus deseos y aspiraciones no iban más allá de una excursión cuando las circunstancias lo permitían o poder ir a la playa un día de verano sin tener que estar pendiente del reloj. Pero desde que el riñón empezó a funcionar los sueños volvieron a la merodear por sus cabezas y pensaron retomar su vida donde la enfermedad la paró. Bastaron siete meses y mucho amor para apartar los momentos grises, por no decir negros, vividos en el pasado. Luis tenía diez años, había hecho la primera Comunión, en octubre fue trasplantado y en mayo, con todo lo bonito que trae la primavera, llegó la noticia que trasformaría la vida de esta familia. ¡Antoñita estaba embarazada!

Quizás para otras personas hubiera sido una buena noticia a medias, quizás hubieran revivido el embarazo de Luis y sufrido hasta la obsesión cada detalle por si volvía a suceder. Decidieron no pensar en lo que podría suceder.

Es cierto que nunca habían dejado de soñar con tener una niña. Antoñita siempre quiso una hija, pero con la enfermedad de Luis habían tenido claro cuál era su prioridad. Demasiado culpables se sentían de pensar que a Juan Antonio se lo estaban criando otros como para buscar otra responsabilidad más. Esperaban el momento idóneo y había llegado. No obstante no pensaban que sería tan rápido.

Un día Antoñita fue la farmacia Santa Ana por algo bien distinto y todos celebraron el positivo. Desde el primer día Antoñita estuvo convencida de que sería una niña. Simplemente lo sentía. Sus chicos se reían de ella. Sobre todo Juan Antonio que ya era mayorcito y le decía «qué chasco te vas a llevar», pero ella no desterraba la idea. El bebé estuvo todo el embarazo sin dejarse ver, parecía que sabía la disputa y el interés que tenían en casa por su sexo. El doctor Antonio Peco lo intentaba insistentemente en cada prueba. A veces se ponía de culo, otras veces de cabeza, y no se conseguía ver nada. Tampoco la calidad y la exactitud de las ecografías en ese tiempo eran como las de ahora. El parto sería de nuevo en Cádiz, hacía mucho tiempo que no tenía que volver a ese hospital porque todo se lo llevaban en Sevilla, pero no había otra opción y también ellos querían romper con ese mal recuerdo porque sabían que, a la larga, tendrían que regresar porque Luis cumpliría la mayoría de edad y sería trasladado.

Para poder parir en Cádiz las últimas pruebas había que hacérselas en la Seguridad Social y entre ellas había una ecografía. Cuando el médico se la estaba haciendo, le dijo: «Aquí viene el tercer niño». Ella muy segura le contestó que en este caso se trataba de una niña, pero él la corrigió.

Mientras esperaban la llegada, las revisiones de Luis en Sevilla no cesaban. En una de ellas Antoñita contó la gran noticia. Todos coincidieron en que tenía un brillo especial en la cara. Era una felicidad sincera. Habían vivido los malos momentos con ella y, en más de una ocasión la habían animado a buscar a la niña, pero Antoñita siempre había cortado la conversación de golpe; cuando Luis estuviera trasplantado. Y así fue.

Llegaron las que iban a ser unas navidades muy especiales. Luis trasplantado, Antoñita embarazada. No podía soñar con una celebración mejor. Era día cinco de enero y como cualquier otra familia fueron a disfrutar de la cabalgata de Reyes. A pesar de su avanzado estado de gestación Antoñita no se quería perder el compartirlo con sus niños. El problema surgió cuando la que necesitaba ir al baño porque no se encontraba bien era Antoñita.

Regresaron a casa y nada más llegar rompió aguas. Eso sí, antes de marcharse para el hospital, esta vez habían decidido parir en Jerez, los dos, como buenos pajes, pusieron los regalos de los Reyes junto al árbol y cerraron la puerta advirtiéndoles a los niños que no debían abrirla hasta por la mañana porque si no los Reyes no dejarían sus regalos. La abuela Frasquita intentó controlarlos todo lo que pudo, pero le fue imposible ponerse seria. Tanto es así que Antoñita y Juan aún no habían llegado al hospital, cuando Luis ya tenía puesta la camiseta del Betis de aquel año que le habían traídos los Reyes Magos. Aunque el mejor regalo de reyes para la familia estaba a punto de llegar. Y sí, era una niña. Nada más nacer Antoñita supo cómo se llamaría. Se llamaría como una persona que les había dado todo el apoyo posible, como la que no les había dejado flaquear cuando todos pensaban que era la única opción, como ella que había estado siempre a su lado, como la que había sido una madre más para sus hijos. Se llamaría como su suegra, Carmen.

Soy uno más

La vida de la familia Rodríguez Guerrero marchaba viento en popa. La habitación de la diálisis, que tantos sentimientos encontrados había provocado por lo que significaba como materialización de la gravedad de la enfermedad de Luis, pero, a la vez, de la liberación que daba la posibilidad de recibir el tratamiento sin tener que acudir a Sevilla, se convirtió en la habitación del bebé. Se decoró con todo el mimo y esmero que se le dedica al nuevo miembro de la familia que llega. Ya no se necesitaba el pestillo, la puerta podía estar abierta, que entrara la luz. Gestos que pueden parecer corrientes fueron inundando de vida el día a día del hogar.

Desde que nació Carmen se dejó de hablar del pasado. Es cierto que Luis iba a sus revisiones, se hacía sus analíticas y acudía a sus consultas. Pero dejó de ser el que reclamaba más atenciones. Se convirtieron en una familia distinta. Luis se sentía uno más. Si para él siempre fueron muy importantes sus amigos, el grupo, ahora se convirtieron en el centro de su vida. Ya no tenía que separarse de ellos por los ingresos ni por los tratamientos ni porque la diálisis lo requiriera.

Tenía diez años cuando recibió su tercer riñón. El primero con el que pudo salir del hospital, a pesar de las complicaciones iniciales. Diez años que pueden parecer pocos, pero es donde se labra la forma de ser de un niño y donde sus semejantes son fundamentales. Pero Luis se relacionaba más con adultos, con sus padres, sus médicos y sus enfermeros que con niños de su edad. En la diálisis no era fácil relacionarse, hacer amigos, y al colegio faltaba más días de los que iba, pero siempre tuvo un núcleo, sus amigos inseparables, algunos por cercanía, otros por la suerte de llevarse solo dos años con su hermano, lo que hizo que formara parte del grupo de este, y otros por el fútbol. Solo el paso del tiempo demostraría la importancia que tuvo el balón en la infancia de Luis.

Los niños lo normalizan todo. Los hijos de los padres de Luis no veían raro que Luis se metiera en una furgoneta en mitad de un día de playa, sus compañeros de colegio entendían que llevara bolsas colgando o que al levantarse la camiseta tuviera más cicatrices que un soldado. No daban importancia a todos esos detalles que le hacían distinto, pero sí había uno que lo diferenciaba del resto; él era el que llevaba el balón. El que tiene la pelota no puede ser el niño malito ni el aislado, no es posible, es el que facilita el juego. Y se convirtió en el número uno del balón. Era muy vivo, de repente estaba aquí, de repente despistaba a su adversario y ya se había colado en el área. Incluso con muletas jugaba. A veces terminaba el partido andando, pero lo terminaba. En las peores rachas, cuando se veía más débil su puesto era en la portería, ahí no se notaba tanto la diferencia y él se crecía. No podía hacer la gimnasia reglamentaria del colegio, entre otros motivos porque no debía sudar mucho, en el recreo la cosa cambiaba. No había día que no llegara a casa tan sucio como para meterlo directamente en la lavadora y con la cara llena de churretes. Esto les daba vida a sus padres, que tanto deseaban que fuese uno más.

Siempre había algún amigo disponible y si no en el momento en que sacaba la pelota lo conseguía. Incluso los fines de semana. El colegio de la Salle, donde estudiaba, abría a las nueve de la mañana, pero a las ocho y media ya había salido corriendo Luis de su casa e iba haciendo el recorrido para despertar a todos lo que encontraba a su paso y recoger a los demás: Carlos, el mejor amigo de su hermano; Jesuli, su compañero del colegio; y Juanma, vecino de su tía y su inseparable de la infancia. Esos eran los incondicionales aunque luego se uniera todo aquel que tuviera ganas de dar unas patadas.

Aunque nunca fue un chico muy abierto ni hablador detrás del balón era bien distinto, incluso gracioso. Era como si se hubiese creado un *alter ego*. Jugaba más que nadie, se lo rifaban al grito de: «¡Luis con nosotros!», y eso era mejor que cualquier tratamiento o medicina.

Sus amigos se acostumbraron a que Luis se ausentara. Nunca sabían si es que tenía consulta, revisión, estaba ingresado o si era, o no, grave. Pero cuando volvía era como si no hubiera pasado el tiempo, regresaba con más fuerza, si cabe. Y llegó el momento, el día que Luis dejó de marcharse, en lugar de eso estaba siempre pendiente de un reloj de muñeca que le habían regalado por su Comunión. Era uno de esos modernos con alarma. Cuando sonaba Luis dejaba lo que estuviera haciendo y corría hasta su mochila para tomarse unas cuantas pastillas, eran las que luchaban para que no hubiese rechazo del órgano. Y así fue creciendo, entre amigos y sintiéndose uno más.

Pero un día, cuando menos lo esperaban, cuando ya habían levantado la guardia sucedió. En un partido que no olvidarían jamás, en el mismo campo que tantas veces habían jugado con el balón. Todo ocurrió como en cámara lenta. Ese día se temieron lo peor. Estaban jugando y vieron cómo Luis caía al suelo y no se podía levantar. Todos se acercaron para ayudarle, pero era imposible. Parecía que su pierna se hubiera roto a la altura de la cadera. «Si casi no le he rozado», se lamentaba el chico que había chocado con Luis. Aunque los niños, aún en *shock,* parecían más afectados que Luis, que intentaba sin éxito levantarse, tuvieron que correr a pedir ayuda. Rápidamente llegaron algunos curas del colegio y los padres de Luis.

No se sabía si se había caído y del golpe se le había separado la cadera del fémur o al revés, al distanciarse las dos partes había acabado en el suelo. Los chavales nunca habían visto a Luis en una situación similar. Siempre era él quien le quitaba importancia a su enfermedad y el que se reía de su propia suerte. Pero esta vez no. Era algo que él no controlaba. No se trataba del omnipresente riñón, esta complicación llegaba cuando creían olvidados los malos ratos en el hospital, y parecía bastante grave.

Sus problemas renales volvían a jugarle una mala pasada. Ahora su riñón funcionaba bien, pero habían sido demasiados años sin irrigar bien a todos sus órganos, incluidas sus piernas, lo que había ocasionado que la enfermedad de Perthes, que tenía diagnosticada, siguiera pasando factura.

El resultado; la cabeza del fémur se había salido totalmente de la cavidad de la cadera. No quedaba más solución que una nueva intervención y hospitalización. Tenían que recolocarle la cabeza femoral, y para ello volverle a poner unos nuevos aparatos fijadores en la pierna. Y tras diversas complicaciones pudo regresar a casa.

Sus amigos, esta vez sí, lo esperaban impacientes. Lo habían vivido a su lado y estaban deseosos de verlo de nuevo en el campo. Eso sí, el día que regresó iba con un nuevo aparato de hierro en la pierna, manteniéndose con ayuda de las muletas, pero con su balón colgando. Ahora tenía una nueva meta, aprender a manejarse en el campo con los palos que le sostenían hasta que todo soldase. No era la primera vez que se enfrentaba a un reto, esta vez no iba a ser menos. Y sus compañeros estaban a su lado, para empezar jugaría de portero.

Y así fue creciendo, entre amigos y sintiéndose uno más. Ahora la mayor preocupación de Luis era que había alguna de sus pastillas repartidas en todos los campos de fútbol de Chiclana. Y eso solo fue el principio, después en las casas de sus amigos, en los locales donde quedaban o incluso cuando alguno llegó a la mayoría de edad en las guanteras de sus coches.

Quitando sus revisiones periódicas, el riñón ya no era el centro de su vida, simplemente su problema renal había quedado en el pasado como si de una mala pesadilla se tratara. Y Luis quería disfrutar, vivir y recuperar el tiempo perdido. Empezaron las primeras salidas, las primeras copas, los primeros cigarrillos, los primeros «amores»… Todo era nuevo, pero para todos no solo para él, y el grupo en esta edad era fundamental. El problema es que sus amigos de siempre, los que habían vivido todo a su lado, empezaban a entender, aunque muy por encima, lo que implicaba la enfermedad de Luis y eso en lugar de acercarles más a él les separaba. Él se sentía un nuevo Luis y ellos, de alguna manera, no le dejaban olvidar lo que él creía su pasado.

Es una etapa que sufren muchos adolescentes, pero las circunstancias que había vivido Luis agudizaba esta situación. Su madre intentaba no ser excesivamente protectora, aunque, desde la perspectiva de un joven, lo era. Quería que Luis se responsabilizara de la toma de sus pastillas, pero después le costaba mucho no llamarle a las ocho para comprobar si se las había tomado. Esto para él y también para sus amigos era un signo de exceso de control.

En esta situación empezó a formarse el nuevo Luis. Los cambios no ocurrieron de un día para otro, pero se fueron sucediendo. El primo favorito de Luis era Juanlu, el hijo de la tía Angelita. Era llamativo que, a pesar de que Juanlu y Juan Antonio solo se llevaran dos meses y que hubieran vivido tantos periodos juntos, con el que se llevaba mejor era con su primo Luis. Desde pequeño era salir del colegio y pedirle que se quedara a comer, si por algo las madres no querían Luis se iba lloriqueando para casa. Incluso, los fines de semana mientras el resto jugaba en la calle había muchos días que se quedaban los dos en casa y no dejaban de idear y de jugar. Juan Antonio no compartía esos juegos.

Pero en la adolescencia todo cambió. Cuando empezaron esas primeras salidas de juventud, cuando él se sentía uno más, Juanlu pasó de ser el primo «guay», incluso «ídolo», al primo pesado. El que, si le veía con una copa, le decía que tuviera cuidado; el que le recordaba que tenía cuidar el riñón, el que le aguaba la fiesta… Y no solo él, casi todos sus amigos de la infancia. Pero era muy difícil no molestarse cuando le decían lo que no quería oír.

En este periodo se formó un nuevo Luis. Un Luis extrovertido, parlanchín y hasta gracioso, pero lo hizo liberando lastre.

Sus amigos de siempre veían cómo cada vez salía menos con ellos. Luis huía y empezó a parar con otra gente. Incluso, con gente mayor que él. Lo había pasado muy mal, ahora, tenía 17 años y pensaba que el nuevo órgano era ya para siempre.

Había amigos que le defendía, que no le criticaban, pero que, después, se sentían malos amigos por no haberle plantado cara y haberle protegido de los excesos. ¡Pero ellos también eran unos críos!

Un día Luis salió con uno de sus amigos y fueron de botellón, como hacían todos a su edad. Era lo que se estilaba en ese momento, compraban botellas de alcohol y charlaban mientras bebían. Tanto se alargó la quedada que perdieron el tren. Los dos llegaron a sus casas ebrios. Antoñita al día siguiente no solo habló con su hijo sino que cogió a su amigo aparte. Le explicó lo grave que podía ser que Luis no se cuidase, pero, en ese momento, los lazos de amistad y de juventud son los más fuertes.

En eso se convirtió el día a día de Luis, personas que querían protegerle, pero que le incomodaban. Él no era una excepción, estaba viviendo lo mismo que la gran mayoría de los adolescentes con problemas renales crónicos. Dejaban de estar en un mundo de algodones protegidos por sus médicos y sus familias y pasaban a la jungla de la adolescencia, de lo nuevo, de lo prohibido, de lo peligroso, pero, a su vez, atractivo.

Un punto de inflexión en la vida del nuevo Luis, al que sus amigos más recientes le empezaron a llamar Lewis, es que cumplió la mayoría de edad y tenía que dejar de ser tratado en Sevilla. Tanto para él como para su familia el hospital de Sevilla y sus sanitarios no eran solo quienes le daban un tratamiento. Eran mucho más. Eran la tranquilidad, la confianza, el desahogo. Pero no se podía alargar más su estancia allí. En una de las revisiones les comunicaron la noticia que, por otra parte, ellos sabían que iba a llegar y que no podrían evitarla. Le dijeron que tenía que pasar a ser tratado en Cádiz porque allí sí había unidad de nefrología de adulto, que si a Luis le pasaban algo y había que intervenirlo ni siquiera las camillas que tenían allí estaban preparadas para su peso porque ya no era un niño. Querían darles datos objetivos, materiales, lógicos, para reforzar la decisión. Ellos lo único que sentían era que, después de tantos años, tenían que ponerse en manos de unos desconocidos, que no conocían su historial médico, porque unos cuántos folios no podían explicar dieciocho años de enfermedad, de complicaciones y padecimiento.

De repente, se sentían huérfanos, y no les importaban ni los largos viajes a Sevilla ni lo que suponía dejar su casa ante cualquier problema que pudiera surgir porque las hospitalizaciones fuesen a más de cien kilómetros, nada les compensaba con tal de no perder a un equipo de profesionales que ya eran casi parte de su familia. Pero no quedaba más remedio. El traslado era obligatorio y, una vez más, la familia Rodríguez Guerrero tuvo que crecerse ante la adversidad. Si lo habían conseguido con un niño de pocos meses y cuando los padres no llegaban a la treintena de edad también ahora lo lograrían.

Otro de los muros con el que se chocó fueron los estudios, algo que también era más que frecuente entre las personas que, desde niños, habían sufrido problemas renales. Los padres de Luis nunca se dieron por vencidos. Luis no necesitaba labrarse un futuro. No ignoraban que Luis había perdido demasiadas clases. Le costaba más que al resto y se escudaba en que no le gustaba estudiar, quizás una treta más porque eso hacía que su retraso no tuviera vinculación con su enfermedad sino con su falta de ganas. Lo cierto es que nadie le juzgaba por esa tardanza en terminar, simplemente se daba por hecho. Por desesperación terminó apuntado al instituto nocturno con un amigo. Estudiar de noche no estaba bien visto, era para los conflictivos, los más gamberros, los cafres, pero a él esa imagen no le molestaba, todo lo contrario. Seguía siendo uno más.

Como le costaba mucho estudiar porque no tenía el hábito que se consigue poco a poco desde la infancia, perdió la motivación y decidió buscar un trabajo. Empezó en un restaurante, La esquina del Jamón, y allí se dio cuenta no solo de que le gustaba el oficio y de que quería formarse para poder hacerlo mejor, sino que tener una obligación daba normalidad a su vida y, además, tenía dinero para ser más independiente. Es lo que todo joven quisiera tener y él empezaba a labrarse su futuro.

Poco después decidió trabajar solo de jueves a domingo, para poder estudiar cocina entre semana. Nunca pensó que estudiar fuera tan gratificante, había encontrado lo que le gustaba y encima se le daba bien. Se sentía imparable y, aunque las largas jornadas laborales, se le hicieran cuesta arriba, él intentaba no pensarlo. La ilusión le daba la fuerza que a su cuerpo le faltaba. Y así, sin esperarlo, le llamaron para trabajar en el restaurante de un hotel de cuatro estrellas, el hotel Valentín. Era un sueño hecho realidad. Trabajaba y disfrutaba. Además, también hizo nuevos amigos, lo que todo joven desea. El nuevo Luis era todo un jovenzuelo, dicharachero, graciosos y buen compañero. No había quien se le resistiera.

En esta época fue cogiendo seguridad. Su riñón funcionaba a la perfección, entraba y salía, tenía dinero para sus gastos, y no miraba atrás. En este momento empezó a mirar a las chicas con otros ojos. Quizás era el más bajito y físicamente no era el más atractivo, pero su simpatía y arrojo hacía que terminara triunfando. Es más en una de las escapadas que hizo con sus amigos a Sevilla, de esas de ida y vuelta y a ver quién triunfaba esa noche, el ganador fue Luis. Mientras, los demás tenían que conformarse con charlar aderezados con alcohol.

También fue una época en la que salía con su prima. Salir con una rubia como ella siempre hacía ganar puntos. Se convirtió en muchos momentos en su confidente y cierto es que, como ella le veía bien, no le daba la lata y se fueron estrechando sus lazos. Pero a pesar de esta supuesta normalidad Luis nunca terminaba de formalizar sus relaciones. Hay quien pueda pensar que era joven y le gustaba ir de flor en flor y con eso se conformaba, otros que pensaban que para él en ese momento eran prioritarios los amigos y no los iba a cambiar por una única chica. Pero otros, quizás los más cercanos, iban más allá. Pensaban que Luis era consciente de sus limitaciones y que no era fácil para él ni abrirse a alguien para explicarle lo que suponía su enfermedad crónica, ni confiar en que era posible una relación a largo plazo y eso aunque exteriormente no lo pareciera le limitaba.

Cuando se le preguntaba a Luis, él siempre decía lo mismo: «A las mujeres no les puedo mentir, no les puedo decir que soy torero», explicaba en referencia a la multitud de heridas que acumulaba ya en su cuerpo y quitándole, como siempre, importancia al asunto. Así que por decisión propia, o porque las circunstancias no eran favorables, terminó viendo a las mujeres únicamente como buenas amigas. En el trabajo su compañera Pepa se convirtió en un gran apoyo. Trabajaban en el mismo turno y se hacían más llevaderas las largas jornadas de trabajo en el restaurante del hotel. Además, como coincidían en turno, ella pasaba a recogerle con el coche y llegaban juntos. Era un trayecto muy corto el que hacían en el coche, pero cuando alguna vez ella le decía que no le daba tiempo recogerle y que se veían en el trabajo, él insistía ya fuera por charlar un rato con ella o por no llegar cansado al trabajo.

Cinco años estuvo trabajando en el hotel, años de aprendizaje, pero también de ir viendo como su cuerpo iba perdiendo fuerza. El trabajo en una cocina es agotador. Muchas horas, mucho estrés, mucho tiempo de pie… No era como estar en una oficina sentado, y esto le empezaba a pasar factura, aunque él nunca se lo quería achacar a la enfermedad. Le costaba decir que se encontraba mal, faltar al trabajo o cogerse una baja, aunque lo necesitara. Prefería taparlo con alguna queja o alguna discusión que con la dolorosa realidad. Su compañera Pepa lo notaba y siempre terminaba apoyándolo teniendo o no razón del todo en sus discusiones. Finalmente no pudo aguantar más y dejó de trabajar en el hotel. Pero no se fue con una baja ni nada parecido. Se fue a la calle, a buscarse la vida. Siempre había sido un valiente, en esta ocasión no iba a ser distinto.

Aunque cierto es que no tenía todas las fuerzas con él. Empezaba a notar que ya no aguantaba tanto, se cansaba más y las analíticas iban empeorando. Trabajar en las cocinas, en verano, no era bueno para su riñón. Él intentaba seguir con su día a día y no quería reconocerlo ante el resto, pero sabía que sería cuestión de tiempo. Y finalmente llegó el momento que todos temían, no fue de un día para otro, el deterioro fue progresivo, y tuvo que regresar a diálisis. Su riñón no llegó a cumplir la mayoría de edad, pero a Luis le bastaron esos casi 18 años funcionando para creer que sería para siempre.

Esta vez no estaba Charo y sus mimos, ni sus médicos de Sevilla, tampoco estaba el cuarto de diálisis peritoneal en su casa de Chiclana ni su madre le podía abrazar a las cuatro de la madrugada mientras le hacía el cambio y decirle que todo iba a salir bien. Ahora se enfrentaba a la etapa adulta, aún no había cumplido 28 años, pero era todo un hombre y le tocaba vivir otra época de su vida muy distinta a la de los jóvenes de su edad. En su mes preferido, como buen carnavalero, en febrero, volvía a depender de una máquina.

De nuevo, atado a una máquina

A las siete de la mañana, en un inhóspito polígono a las afueras de Chiclana, aún el sol se pelea por salir. Todo está prácticamente en silencio y el único ruido que interrumpía a los pájaros que comenzaban a despertar era el de los camiones pasando por la carretera. En este escenario cada mañana llegan los enfermeros a la clínica de diálisis. Su primera tarea es intentar hacer acogedor el lugar. Lo ponen calentito, se ponen las batas blancas y los guantes y empiezan a preparar cada máquina para cuando lleguen sus pacientes. Un trabajo rutinario, cada día lo mismo, los mismos pasos, la misma técnica, la diferencia la trae cada uno de los que cruzan la puerta que separa la normalidad del exterior con la dependencia a una máquina para dializarse. Y los profesionales que esperan dentro bien lo saben.

Sebastián, más conocido como Chano, es enfermero y lleva más de trece años atendiendo a pacientes en diálisis. Después de un periplo de formación que le hizo vivir en Portugal y en Tenerife, pudo volver a su tierra y trabajar en Chiclana. Con sus cuarenta años aún no sabe cómo afrontaría la situación de tener que cambiarle el papel a alguno de sus enfermos, si conseguiría asimilar el vivir atado a esa máquina que ahora tan bien conoce e intenta recordar esa sensación cada vez que llega un paciente nuevo bloqueado, una persona que podría ser él y que se niega a aceptar su situación y le pregunta constantemente por qué a mí. Para él no fue fácil hacerse con esta técnica.

El primer día que llegó a una unidad de diálisis no sabía nada. Estudió Enfermería, pero ese tratamiento solo lo había visto por encima. Su supervisora le tuvo que contar cada detalle de la máquina, de los accesos del paciente, fístulas o catéter… Todo le sonaba a nuevo y a complicado, pero había mucho trabajo y tenía que ponerse las pilas para empezar lo antes posible. Y así lo hizo. En cuatro días ya estaba atendiendo a pacientes. Si a él le costó también a los que estaban a su alrededor, ponerse en manos de un enfermo inexperto no es fácil para un paciente crónico.

—No quiero que me pinche el nuevo. A mí ese que no me toque. —Escuchaba constantemente, pero eso no detuvo en ningún momento a Chano.

Entendía que una persona que tiene que ser pinchada continuamente y con una aguja tan grande mostrara su reticencia a que alguien nuevo lo atendiera. Sentía empatía hacia sus enfermos, y, poco a poco, se los fue ganando hablando con ellos. Eso hizo que confiaran en él. Era una rueda y poco a poco la fue completando.

Dejó de ser él el nuevo y pasó a ser el primer rostro que veían los principiantes que llegaban. Nunca se acostumbraría a la cara de perdidos de sus pacientes. El momento en el que entraban en una sala con muchas máquinas, sin saber casi nada del tratamiento ni de cómo iba a evolucionar su enfermedad. Ya había aprendido que lo único que podía hacer es tener paciencia, ganarse su confianza hablando de películas, de deporte, de aficiones… Y dar la información escalonadamente, para que no se saturaran. Sabía que debía ir poco a poco para que lo fuesen asimilando.

Esa misma puerta la cruzaba Luis a las ocho de la mañana, tres días a la semana, lunes, miércoles y viernes. Durante cuatro horas, su vida se resumía a lo que sucedía entre esas paredes. Es cierto que la llegada de Luis a la hemodiálisis no es como la del resto de los pacientes. Para él fue un golpe duro tener que volver a depender de una máquina, una situación que creía desterrada de su vida y que volvía a estar presente en plena juventud. Pero, como son cambios que no ocurren de la noche a la mañana, sino que son meses de empeoramiento de las analíticas, de ir encontrándose cada vez peor, se fue haciendo a la idea. Y su actitud cuando llegó era bien distinta a la de cualquier otra persona que empieza en diálisis. El primer día que se encontró con Chano es cierto que estuvo un poco distante. Él sabía a lo que iba, qué se iba a encontrar cuando llegara, era su tercer rechazo. De la técnica no había casi nada nuevo, pocas novedades.

Bastó el primer día, esas cuatro horas y media, para que saliera el Luis que se había forjado durante años de padecimiento. Los jóvenes de su edad siempre llegan con miedo, sobre todo, por lo que le afecta la diálisis a su vida social, por todo lo que pierden teniendo que estar tres días a la semana obligatoriamente y sin excepción allí. Pero Luis, en muy poco tiempo, dejó ver su positividad. Esa positividad con lo mal que lo había pasado, con las circunstancias que habían hecho que un joven de solo 28 años ya hubiera vivido tres trasplantes y tres rechazos, le hacía diferente al resto. Y eso no pasó desapercibido por ninguno de los sanitarios y pronto surgió muy buen *feeling,* buena conexión, con Chano.

En el turno de mañana, el de Luis, no solo estaba Chano, también trabajaba Cristina, otra enfermera que toda su vida profesional la había pasado entre fístulas y catéteres. Llevaba en la clínica desde que abrió un año antes de que llegara Luis. A ella le gustaba trabajar en esa unidad, había aprendido a ver la parte buena del proceso. Dar una alternativa a una persona que sin diálisis moriría e intentar adaptar la técnica a cada paciente para que, cuando se fuera para su casa, fuera en las mejores condiciones posibles. Esa era la meta que se marcaba cada día y de ahí surgía su cariño y dedicación a su profesión, aunque no fuese nada fácil. Eso sí, Cristina tuvo un antes y un después. Un acontecimiento que marcó su trabajo en la unidad de diálisis.

Esta joven enfermera tenía casi siempre pacientes mayores, de entre setenta u ochenta años, son los más frecuentes con problemas renales crónicos. Ella les hablaba de sus hijos para hacer más llevadera su estancia allí, pero eran personas que ya habían vivido y disfrutado, con parejas, hijos e incluso nietos. No se tomaban mal el tratamiento. Comenzó a trabajar en diálisis con 22 años y no era consciente de lo que supone encontrarse sentada en una de esas butacas. Pero, unos tres años después de su incorporación, entró a su cuidado una chica de su misma edad, habían nacido el mismo año con pocos meses de diferencia. Para ella tratar a esta chica fue un hecho que cambió su forma de ver la diálisis y a sus pacientes. Vanesa, que así se llamaba, dependía de una máquina, y ella, sin embargo, terminaba su trabajo y se podía olvidar de todo hasta el día siguiente o, si quería, podía correr y nunca más volver a pisar esa sala, su paciente no. Establecieron una relación muy especial, descubrieron que tenían muchas cosas en común. Es más, Cristina vivió la llegada de un riñón para la que ya consideraba su amiga como si fuese algo propio, y quiso el destino que fuera ella la que le comunicara la gran noticia. Era un día de puente, Vanesa le había contado el día antes que se iba a pasarlo a Sevilla. Llamaron a la sala diciendo que había una alerta para ella, pero que no la localizaban. Cristina no solía intercambiar los teléfonos con los enfermos, pero esta paciente no era una más.

La llamó, le preguntó por dónde iba y le dijo que se diera la vuelta lo antes posible porque tenía que ir urgentemente para el hospital porque había un riñón para ella. Fue un día que no olvidaran ninguna de las dos. Al día siguiente de salir del hospital tras el trasplante Cristina cumplió la promesa que siempre le había hecho durante el tratamiento; la llevó a tomar chocolate con churros para desayunar, algo seriamente prohibido en el periodo de diálisis. El tratamiento es muy difícil, pero también lo es la adaptación a la nueva vida, el saber que lo que antes te podía matar ahora puede ser un objeto de disfrute.

Por la sala de diálisis pasaban muchos pacientes, unos veinte por cada enfermero, cada uno distinto al de al lado, pero todos con algo que les hacía iguales, su enfermedad renal.

Luis, como siempre que llegaba a algún sitio, analizó a cada una de las personas que se iban a convertir en sus compañeros durante un tiempo. Era duro, pero, para que alguno de ellos abandonase la máquina, o iba grave al hospital, o es que otra persona había muerto y te donaba ese riñón. La única salida realmente alegre, aunque no sin múltiples miedos, era que alguien de tu familia te donase voluntariamente el órgano, entonces sí era motivo de fiesta.

A su lado le pusieron a un chico de su edad. Solo con verlo supo que su labor con él no iba a ser fácil. Manuel se tapaba la cara durante el tiempo que duraba la diálisis. Estaba enfadado con el mundo. No quería hablar con nadie, no quería asimilar la situación que le había tocado vivir y, si alguna vez decía algo, era para hacerlo de mala forma y enfadado.

—Si me quiero ir antes me desenchufáis y punto… Claro, para ti es muy fácil decirlo, tú deberías estar en esta butaca a ver qué te parecía…

Eran sus frases más repetidas a los sanitarios que le trataban. No podían hacer nada, solo tener paciencia, aunque a veces no fuera fácil porque contagiaba su actitud al resto de la sala. Eso era lo más peligroso de un paciente que no quería admitir su situación. Por eso lo sentaron junto a Luis. Con edades similares podía ser más fácil que se lo llevara a su terreno. Luis nunca daba consejos concretos sobre el tratamiento, para eso estaban los especialistas, él hablaba de su experiencia personal, pero, si alguien se lo pedía, con Manuel no era el caso. Con él empezó con el carnaval, su pasión más grande, pero no tuvo mucho éxito así que pasó a la munición pesada, el fútbol, y ahí hizo diana. De esta forma fue como Manuel se fue dejando de tapar, porque era incómodo hablar con Luis con una tela sobre la cara. Fue muy bueno para él, pero también para Luis porque sentirse útil le subía la autoestima y le hacía más llevadera la espera.

Había también en tratamiento un chico que llegó con dieciséis años y ahora tenía veinte. Era un caso excepcional porque estaba en la lista de espera y por fin le llamaron para un trasplante, pero, cuando estaba en la puerta del quirófano, dijo que no se trasplantaba. Para todos fue un chasco, con lo que deseaban llegar a ese momento y que finalmente se echase atrás. Decía que el tratamiento le iba bien, que ya lo tenía asimilado, que ir tres días a la semana no le suponía tanto a su edad y que le daba terror que no saliera bien. La posibilidad de que después de un intento de trasplante quedes peor que antes no es alta, pero podía suceder y él no se quería arriesgar.

Y no era el único que no quería optar a un posible trasplante. Aunque eran menos los que no estaban en lista de espera voluntariamente, también los había. Así el caso de un joven, Pedro, muy extrovertido, hablador y positivo, pero en el último trasplante estuvo muy mal a punto de no salir del hospital, por lo que le costó volver a meterse en la lista de espera. Durante el periodo de duda que tuvo seguían intentando no perder el ánimo y haciendo una vida lo más normal posible; salía con sus amigos, se apuntaba a cursos nuevos… Y al final recuperó esas fuerzas que le faltaban y regresó a la lista de espera.

Algunos días aparecía por la sala un chico de unos treinta años. Era curioso porque andaba por los pasillos como si fuera su casa. Conocía a todo el mundo y siempre sonreía, sin embargo en su mirada había algo de nostalgia. Se trataba de un chico que se trasplantó con treinta años, después de quince años ininterrumpidos de diálisis. Eran unos años donde se formaban los gustos, las aficiones, las amistades. Ahora se sentía un poco huérfano por no tener que ir al tratamiento. Tanto es así que, el primer lunes después de darle el alta tras el trasplante, se presentó allí porque no sabía qué hacer en su casa. Se sentía raro, des-ubicado, nadie te enseña a retomar una vida. Poco a poco fue buscando ocupaciones, pero, aun cuando se notaba solo o vacío, se presentaba en la sala y cogía fuerzas hasta la siguiente visita.

Los enfermeros sabían dónde sentar a cada uno de los pacientes que llegaban nuevos. Hacían una visual y los distribuían por edades, por gustos, pero sobre todo por lo que uno podía aportar al otro. Cuando llegó Diego lo tuvieron claro, iría junto a Luis. Como veterano siempre era útil a los facultativos para ver que se puede continuar la vida, y durante muchos años, con una enfermedad renal. Luis era un claro ejemplo de ello, pero no los pusieron juntos sólo por eso. Diego no quería ni escuchar hablar de que alguien de su familia le donase el órgano que tanto necesitaba, estaba completamente cerrado ni barajaba la opción, le daba demasiado miedo que les pasara algo y no quería asumir el posible riego por pequeño que pudiera ser. Además ya había sufrido el rechazo del riñón de su hermana, ¿cómo iba a consentir ahora que se expusieran su hermano o su suegro? Pero Luis pensaba completamente distinto. Sabía que el riesgo compensaba. Solo imaginarse lejos de esa atadura ya le daba esperanzas, y eso que sería el cuarto trasplante y que sabía a qué se arriesgaba, pero le podían las ganas de salir de esa sala, y poco a poco le fue contagiando a Diego su ilusión.

Hasta la sala de diálisis llegaban personas muy diferentes unidas por un mismo padecimiento, y aunque cada persona, y en este caso también cada familia, es un mundo, una de las diferencias que notaban a menudo los enfermeros era la clase social. Había familias que tenía tan poca formación que para los sanitarios era casi imposible que entendieran en qué consistía en tratamiento, la importancia de los cuidados, de la buena alimentación… Por lo que era muy difícil su colaboración. Había en tratamiento un chico de clase social muy baja. La madre no contribuían a los cuidados ni a controlar su comida, rechazaban cualquier tipo de información y no entendían los peligros de un mal tratamiento. Terminó dejando los estudios porque no lo motivaban y los padres consideraban que era mejor que estuviera en diálisis porque así recibían una ayuda económica por su cuidado. Para los sanitarios era frustrante, hacían con paciencia todo lo que estaba en sus manos, pero era como chocarse contra un muro una y otra vez.

En el lado opuesto estaba la gente que tenía una formación alta y llegaban casi dando lecciones médicas. Habían leído mucho, tenían mucha información y se creían que sabían más que los propios sanitarios. También este perfil era muy difícil de tratar. Tenían una actitud además muy negativa. Cristina intentaba ponerse en su posición, pero sabía que había que marcar límites. Una vez tuvieron un visitador médico en tratamiento.

—Niña, es que tú estás aquí para mí —le dijo.

—Me llamo Cristina y creo que usted se equivoca yo estoy aquí por usted, no para usted. Y usted hoy por hoy no tiene ese problema, si llega a tenerlo ya tomaremos las medidas oportunas, pero lo que propone es para otro tipo de paciente que no tiene nada que ver con sus analíticas ni con su perfil —cortó la conversación con mano izquierda cuando le habló de introducir una modificación en su tratamiento que había leído en una revista científica.

El problema de este tipo de enfermos es que no confían en la bata blanca y eso es muy peligroso porque ellos intentan ayudarles, pero, en lugar de eso, se establece una competición para intentar quedar por encima olvidando que los sanitarios no están para competir están para ayudarles. Luis nunca cayó en ese tipo de fallos. Quizás alguna vez dudó, quizás en algún momento pensó que se podría tomar otra medida médica, pero nunca lo exteriorizó. Siempre mostraba mucha confianza en los médicos y en las decisiones que indicaban y eso a pesar de tantos trasplantes, de tantos rechazos, de tantas complicaciones… Habían salido tantas cosas mal que se entenderían sus dudas, pero no, Luis siempre decía que estaba en mano de los mejores y eso hacía que fuese un gusto trabajar con él. Es más, esa confianza motivaba tanto a los sanitarios que muchas veces en casa seguían dándole vueltas al expediente de Luis y a posibles soluciones o mejoras. Ante la enfermedad, ni tener más formación ni tener más dinero modifica tu situación.

Todo se reduce a esperar en la lista que alguien muera, que seas compatible con su riñón y que tu cuerpo lo acepte y eso no entiende ni de estatus ni de nivel económico.

El plano económico era una de las charlas constantes en la sala, porque una persona que estaba trabajando al ser enviado a diálisis, muchas veces, o perdía su trabajo o tenía que dejarlo. Pero el mundo no se paraba porque entraras en diálisis, los gastos seguían ahí, había que pagar el alquiler, alimentar a tus hijos, vestirlos… La vida seguía. Había algunos pacientes que recibían una ayuda económica no contributiva, que, realmente para muchos, no era suficiente para mantener a sus familias. Esta ayuda era retirada una vez que eran trasplantados, pero ¿y esas personas que tras el trasplante no podían seguir trabajando porque las condiciones de su trabajo no se lo permitían? ¿O esas otras que no encontraban trabajo una vez trasplantadas? Algunos conseguían, presentando informes médicos, y después de muchas luchas, que les dieran la incapacidad total, aunque tampoco la cantidad era muy grande.

Luis, por ejemplo, durante la diálisis recibió una ayuda de poco más de trescientos euros. Tras el trasplantar le dieron la incapacidad del cien por cien y aumentaron la prestación económica a unos seiscientos euros, cantidad que no le permite independizarse de sus padres. Y como Luis muchos que se encuentran con estas barreras, ¿cómo retomar la vida y poder ser uno más?

Algunos se encontraban con estas dificultades al salir del tratamiento, pero otros se topaban con la cruda realidad al empezar. José conoció a María mientras estudiaban y el flechazo fue inmediato. Tras una relación de años decidieron casarse. Hasta ahí todo bien. El problema empezó cuando decidieron buscar un bebé. María no se quedaba embarazada y tras distintos tratamientos e intentos fallidos se decidieron por la adopción. Años de espera, de sufrimiento… Cuando ya habían pasado todos los trámites y en la lista estaban ya muy adelantados, le comunicaron a José que tenía que entrar en diálisis. Él estaba tan ilusionado con ser padre que ni siquiera este golpe enturbió su alegría. ¡Qué más daba! ¡Lo conseguiría! El problema llegó cuando se enteraron que estar en diálisis le retrasaba en la lista de candidatos de adopción. Era otra de las duras realidades que los enfermos renales tenían que sufrir durante su periodo en diálisis.

Los pacientes pasaban una media de doce horas enganchados a la máquina, había tiempo para muchas conversaciones, para establecer amistades, para compartir, apreciar gustos y aficiones comunes, establecer intimidad… Tanto es así que también se vivieron romances en esa sala. Dos pacientes pasando por lo mismo, a ambos les habían dejado sus parejas a raíz de agudizarse su enfermedad renal y ambos se trasplantaron prácticamente a la vez y se fueron a vivir juntos. No todo iba a ser malo. También se palpaba la felicidad cuando les visitaban los pacientes trasplantados y traían pasteles para todos. Se les veía físicamente tan distintos, habían perdido ese color amarillento de los enfermos en diálisis, estaban más recuperados y el brillo que desprendían era indescriptible. Esos días eran de fiesta en la sala.

Keko

Las vacaciones daban los últimos coletazos. Keko estaba dándose un baño en la playa de La Barrosa. Es un momento de paz y tranquilidad que no podía comparar con casi nada. A pesar de la cantidad de años que lleva viviendo en Galicia, regresar a Cádiz y ver a sus padres siempre le daba fuerzas para afrontar el nuevo curso y este año lo necesitaba más que nunca. Se sentía muy cansado, agotado, a pesar de llevar un mes de vacaciones, y, al día siguiente, de vuelta a casa y el lunes a trabajar. Los últimos meses estaban siendo muy estresantes. El *boom* de la construcción afortunadamente estaba dando mucho trabajo, pero a veces Keko sentía que no llegaba al final del día. Cuando por fin aterrizaba en casa, veía a su mujer con el pequeño en brazos, aún un bebé, y la mayor de tres años tenía ganas de jugar, pero él sentía que no podía.

—Mamá, no te preocupes que cuando llegue a casa me voy a hacer ese chequeo que tanto me recomiendas —le prometió finalmente después de mucho insistirle.

Y así lo hizo. Los resultados estuvieron muy rápido. Hizo un hueco entre una cita y otra del trabajo y fue a ver al médico.

—¿Usted se encuentra bien? —fue la primera pregunta que le hizo el doctor.

—Me canso mucho, pero estoy bien —dijo ingenuamente sin mencionar que se le hinchaban los pies, que tenía fuertes dolores de cabeza, tensiones muy altas… Él lo achacaba todo al estrés laboral.

—Tiene que irse ahora mismo para urgencias, los resultados indican que tiene un serio problema renal y que debe ser tratado inmediatamente.

Le dijo que no podía, que tenía una reunión de trabajo, que ya mañana se pasaría… No era consciente de la gravedad de lo que le estaba comunicando su médico, o no quería aceptarlo, pero no le quedaba otra. En ese momento tenía mujer y dos hijos pequeños, una hipoteca, en el trabajo le iba de maravilla, su mujer también trabajaba, tenía treinta y pocos años y la vida que quería, lo que le decía el médico no encajaba en sus planes.

Sabía lo que era una enfermedad renal. Por desgracia uno de sus tíos, por parte de madre, Miguel, había estado hacía casi cuarenta años en diálisis. Murió hacía veinte años. Sabía el sufrimiento que había sido, conocía su deterioro y cuando él estaba en tratamiento todo era muy nuevo y los efectos secundarios eran mucho peores. Además en esa época la diálisis no era muy conocida y era un tratamiento que no tenía buena fama. A Keko le hicieron una biopsia de pequeño por los antecedentes de su tío, pero no encontraron nada en ese momento, no parecía hereditario, aseguraban que genéticamente no estaba demostrado que se heredara e incluso que puedes heredar el gen, pero no reproducir la enfermedad.

Este tipo de cosas llegan cuando llegan y nunca hay un momento adecuado para enfermar y quedar atado a una máquina. En año nuevo Keko ya estaba en tratamiento. Al principio, lo compaginó con su trabajo, le dijeron que tendría que dejarlo, pero no lo asumía. No quería ni plantearse lo que supondría para él tener que quedarse en casa, pero no le quedó más remedio. No pudo más, tuvo que decir basta. Y en poco tiempo se vio convertido en amo de casa. Su vida era más tranquila, se acostumbró a encargarse de su familia, de los niños… Sus compañeros le envidiaban, sobre todo cuando empezó a ir mal el sector de la construcción, pero Keko habría cambiado el estrés de la fuga de contratos, de la bajada de los sueldos, incluso de los despidos, habría aceptado todo eso a cambio de no tener que ir tres días a la semana a enchufarse a la diálisis. Era una enfermedad de la que no se tenía mucho conocimiento, algunos incluso le preguntaban si él tenía un solo riñón sin saber que con un riñón se puede vivir perfectamente.

La sala de diálisis se convirtió en su segunda casa y le hizo darse cuenta de que, a pesar de todo, era afortunado. No tenía complicaciones médicas como otros de sus compañeros, ni azúcar, ni problema de corazón… Era un enfermo crónico renal, pero solo eso. Además tenía una familia y unos hijos que le daba fuerza para luchar, algo que tampoco otros tenían.

Había gente joven que había tenido que volver a casa de sus padres y su vida no solo se había parado sino que había dado muchos pasos atrás. No era el que estaba peor médicamente, era otra de las cosas que aprendió en diálisis. Había gente que estaba muy mal y sonreía constantemente, te daba ánimos y te sentías reconfortado con su ejemplo, pero había otras personas que, cualquier bache en el camino por insignificante que fuera, se convertía en todo un drama. Esos eran los que más se quejaban y los que vivían peor. Unos sufren porque tiene muchas complicaciones en su enfermedad, pero los que más sufren son los más débiles psicológicamente.

Keko luchó contra esa debilidad mental intentando agarrarse a lo bueno que tenía en la vida y trabajando su positividad. Aunque no siempre fue fácil. Uno de los días más complicados fue el día en que se marchó para siempre el compañero que le había introducido en la diálisis. Un hombre de cincuenta años que estuvo veinticinco años en tratamiento. Keko lo consideraba su padre en la enfermedad renal. Era muy especial. Siempre estuvo a su lado, pero no solo de Keko sino de todos, no había persona en la sala a la que no hubiera ayudado en alguna ocasión. A pesar de la enfermedad, siempre estaba de broma y nunca se le vio un mal gesto con nadie. Tenía dos hijos, la pequeña nació estando él en diálisis y fue todo un acontecimiento en la unidad. Había sufrido mucho, porque, cuando él empezó, eran ocho horas enganchado a la máquina y no había ni internet ni *tablet* ni teléfono móvil ni nada por el estilo, se conformaban con jugar al parchís, al ajedrez o como mucho leer. Las dificultades, en lugar de hacerlo más taciturno, le dieron más fuerzas para luchar. Era un gran ejemplo.

De repente, un día la mujer de Keko le llamó y le dijo que había visto una esquela en el periódico. Desde que le comunicó la noticia no tuvo duda de que era él, pero quería confirmarlo. Llamó a una de las enfermeras con las que tenía más confianza, sabía lo que significaba para Keko esta muerte, le corroboró que era él. Keko se quejó entre lágrimas de que nadie le hubiera dicho nada.

—Sabes que tenemos prohibido dar este tipo de información a otros pacientes.

El protocolo estaba hecho para no crear desesperanza en el grupo. Afortunadamente, vivía a diez kilómetros de donde se oficiaba el funeral y tuvo tiempo para acompañar a la mujer en esos últimos momentos. A partir de ahí ha tenido que decirle adiós a demasiados compañeros. Más cercanos, más amigos, más jóvenes, más mayores… Siempre es un golpe y siempre una despedida le recuerda que no se sabe cuánto tiempo estará, así que lo mejor es cuidarse y no perder el tiempo, sino disfrutarlo.

Fue de esa sensación de donde le surgió a Keko la idea de escribir un blog sobre la enfermedad. Por suerte o desgracia tiempo le sobraba, así que decidió invertir sus horas en la máquina en escribir sobre la enfermedad, en contar sus vivencias, pero no solo las suyas sino también las de sus compañeros y otras personas vinculadas con la enfermedad renal. Quería acercar dicha enfermedad a la sociedad para que no siguiera siendo una gran desconocida, porque siempre ha pensado que el desconocimiento hace que no se avance más.

Gracias a este blog intimó con Luis. Se conocían porque Keko no había dejado de viajar y sobre todo a Chiclana donde estaban sus padres. En una de las visitas su madre le dijo que se había enterado de que habían puesto una clínica de diálisis en el propio pueblo. Y fue así como llegó a la misma sala que Luis. Desde el principio hubo conexión entre ellos. En este caso les unió el gusto por la buena gastronomía. Luis le recomendaba sitios buenos para comer a Keko y viceversa. De ahí pasaron a las redes sociales y así su relación no se limitaba a cuando Keko estaba en Chiclana sino que mantenían el contacto cuando se trasladaba a Galicia. Poco a poco fueron compartiendo cosas más personales, se fueron conociendo mejor, hasta que Keko conoció toda la historia de Luis y, conmocionado por lo que había vivido le propuso contarla en su blog, *Dona vida,* Luis aceptó, fue todo un éxito.

Su hermana Carmen

Carmen tenía solo dieciséis años y estudiaba bachillerato cuando despertó a la realidad de su familia. Físicamente se parecía muchísimo a su madre, pelo rubio, ojos claros y la misma sonrisa. Cuando Antoñita la miraba se veía a ella a su edad, las mismas ganas de vivir, y recordaba cómo era todo antes de la enfermedad de Luis.

Desde que nació su hija supo que era una nueva oportunidad para la familia. Una opción para crear una nueva vida dejando atrás el sufrimiento del pasado. Todos lo asimilaron así. No se mencionaba mucho de lo vivido, solo lo imprescindible y en momentos contados. Todos sabían lo que habían pasado, pero para qué revivirlo. Todos menos Carmen.

Carmen se convirtió en un gran apoyo para Antoñita. Era su niña pequeña, y siempre lo sería. Con ella pudo disfrutar de lo que era ser una madre normal, sin grandes sustos ni complicaciones. Y encima una mujer. Paseaban juntas, iban de compras, intentaba pasar todo el tiempo que podía con ella, además sus hijos ya eran más mayores y no la necesitaban tanto. Tenían un carácter parecido y sobre todo la misma sensibilidad. Destacaba la complicidad que se había creado entre ambas.

Desde que llegó Carmen, la familia se apuntaba a cualquier plan: iban a todos sitios, viajaban, disfrutaban, no se perdían una… Eran jóvenes y querían recuperar el tiempo que habían perdido entre hospitales. Cuando la niña empezó a tener conciencia, su familia era como otra más, nunca notó una gran diferencia. Su hermano tenía problemas de riñones, tomaba muchas pastillas y tenía que ir a sus revisiones. Pero sin darle mayor importancia. En un momento dado las analíticas dijeron que había empeorado y tenía que recibir tratamiento tres días a la semana, allí mismo en Chiclana, no creyó que fuera grave, ni tampoco se lo hicieron saber.

El problema surgió cuando un día, en la sobremesa, el momento en el que se cuentan casi todas las cosas importantes en la familia Rodríguez Guerrero, Antoñita explicó que Juan y ella se estaban haciendo unas pruebas para ver si le podían donar un riñón a Luis. Hasta ese momento Carmen no entendió la gravedad de lo que estaba pasando. De repente, todas esas preocupaciones que su familia había intentado evitarle se le agolpaban y le mostraban la cruda realidad. Pero, evidentemente, desde el principio supo que si era por el bien de Luis había que hacerlo. Ella se llevaba doce años con Luis y con Juan Antonio había convivido poco porque se independizó pronto, pero siempre habían sido una familia muy unida, y había notado los cambios que estaba experimentando Luis no sólo físicos, con ese envejecimiento prematuro, sino en su carácter. Ya no era su hermano bromista y sonriente, hacía meses que en muchos momentos no lo reconocía, incluso que sentía que lo estaba perdiendo.

En esa época parecía que se habían puesto de moda los trasplantes de vivo, aparecían en los medios de comunicación y salía la cifra de buenos porcentajes de casos que resultaban bien y se alababan los pocos riesgos que conllevaban. Con esa información se quedó en su cabeza, para qué ahondar más si de todas formas el trasplante se iba a llevar a cabo, porque cada vez había menos posibilidades de que a su hermano le llegara un riñón de cadáver e iban pasando no solo los meses sino los años.

Fueron meses de pruebas y de ir haciéndose a la idea, aunque no de dudas porque tenían muy claro que, si alguno era compatible, el trasplante se llevaría a cabo.

Para Luis fueron meses de esperanza. Nervios pero ilusión. Veía natural que su madre quisiera donarle su riñón, había dado siempre todo lo que podía por él, se había entregado en cuerpo y alma a su cuidado, ¿por qué no lo iba a hacer en esta ocasión? Lo asimiló con naturalidad y con muchas ganas. Aunque no todos los pacientes habrían hecho lo mismo. Luis se aferró, como el que se agarra a un clavo ardiendo, a la posibilidad. Solo quería recuperar su vida.

El declive y una balsa en el océano

Luis nunca ha sido una persona derrotista por eso, a pesar de haber vuelto a diálisis, intentó seguir con su día a día. Es más iba a trabajar como si no hubiera cambiado nada, pero muchas cosas habían cambiado. Buscaba mil formas de no faltar a su puesto a pesar de que tres días a la semana tenía que estar en diálisis. Muchas veces salía del tratamiento y en lugar de irse a casa a descansar tras la paliza se metía en la cocina a sudar.

También con los amigos. No era de decir que no a ningún plan, pero ahora menos. Le pasaban a recoger directamente de la diálisis en coche y como si acabara de salir de su casa. Así fueron pasando los meses, y cada vez le costaba más. Pretendía que sus compañeros, sus jefes y sus amigos no se dieran cuenta del cambio, pero era inevitable que sucediera. En el trabajo empezaba a flaquear porque su cuerpo no aguantaba el ritmo de una cocina de restaurante. Fue cambiando de uno a otro trabajo, pero al final en todos era lo mismo: Frustración porque no llegaba. No quería reconocerlo, pero, finalmente, terminó dejándolo. Salir con sus amigos se convertía en toda una vía de escape, pero a un ritmo que ni a ellos les parecía bien. Cada día llamaba para ver si hacían algo, si alguna vez no había plan incluso se molestaba. Salía igual, se iba solo a ver a quién se encontraba por la calle. Era como si sintiera que no tenía salida y que lo único que le aliviaba era salir por las noches para desconectar. Vivía para el fin de semana. Si alguno de sus amigos al verlo decaído cambiaba sus planes para que hicieran algo juntos, salía escaldado.

—Lewis esto no es una película, no puedes solucionarlo todo con salir, salir y salir. Además, no es bueno para tu salud. Esto no es una película y tú no eres el protagonista de *Leaving Las Vegas.* Todo no puede ser beber, beber y beber hasta perder los papeles. No puedo yo y menos tú, y lo sabes —le dijo su amigo Alberto una noche.

Pero nunca se esperó que le respondiera así:

—Si vivo diez años, voy a vivir como quiera.

A pesar de la sorpresa no se quedó acallado, e intentó razonar con él y convencerlo de que esa no era la solución. Fue uno de los momento más desagradables que pasaron sus amigos. Le veían caer y no sabían ni cómo levantarlo porque tanto esfuerzo, tanto sacrificio desde pequeño para seguir atado a una máquina… Si con veinte años todos hacían tonterías por qué no iba a hacerlas él.

—¿Para qué estar todo el fin de semana con una botella de agua en la mano o escuchando críticas? —se justificaba.

Había pasado de ser un niño ejemplar y un adolescente modelo, bajo el control de su familia y de sus médicos, a todo lo contrario y parecía que todo se derrumbaba. Era una actitud normal en la etapa de juventud, les ocurre a muchos jóvenes. Quieren experimentar. Él no podía ni siquiera tener dos cosas que anhelaban y disfrutaban sus iguales; un trabajo y libertad. La diálisis le había impedido las dos cosas.

Pero, cuando menos lo esperaba, cuando aún intentaba sacar adelante sus últimos trabajos, pasó lo que no esperaba y ya daba por perdido; apareció alguien en su vida.

Luis estaba en una terraza con un amigo, era un ex compañero de trabajo, que hablaba con una chica con la que había tenido una relación. En la conversación surgió el tema de ir a un partido del Betis y de repente su amigo le pasó el teléfono. Puede parecer cosa de película, pero fue solo escuchar la voz de la chica, María, por primera vez, una voz dulce y sonriente, y Luis quedó impresionado. No obstante, con una conversación corta todo quedó ahí, aunque no pudo evitar buscarla en las redes sociales, en Facebook, para ponerle cara. Era exactamente como a Luis le gustan las chicas, y sus ojos un poco achinados se le grabaron en el pensamiento. Hubiera preferido que no fuera su estilo, pero tampoco eso estaba en su mano. Fue incontrolable, al principio solo fue un saludo por escrito, después una pregunta de ella sobre Cádiz, terminaron hablando de la gran pasión de Luis, el carnaval, y ahí ya él dio rienda suelta… Llegó la confirmación que había esperado. María no tenía novio. Era una mujer libre. Podía intentarlo.

Hablaban a diario y los dos mostraban interés. Pasaban horas y horas conectados, ambos iban declarando lo que sentían por el otro, pero Luis estaba en diálisis y ella vivía en Madrid lo que dificultaba poder verse y poder materializar una relación. Llegó el puente de diciembre, ella bajó a Jerez de la Frontera y Luis no pudo dormir en toda la noche pensando cómo sería ese encuentro, cómo se sentirían estando juntos, si lo que sentían en la distancia también se materializaría al verse, al estar uno junto al otro. Y así fue, o mejor aún. Todo fue perfecto, todo menos que ella tenía que volver a Madrid y él estaba atado a Chiclana y a su máquina de diálisis. Tenía la oportunidad que tanto había esperado, sentía que era ella, sólo necesitaba que el milagro tuviera lugar.

Su madre había notado cómo había cambiado la actitud de Luis desde que se escribía con María. Parecía otro. Se reía más, se cuidaba mejor, se quejaba menos, había cambiado su humor, incluso si le fallaba el acceso en diálisis, que era lo que peor llevaba, se lo tomaba de otra forma, con confianza y paciencia. Era algo que todos notaban, pero Antoñita como madre aún más. Un día se decidió y lo habló con Juan, era el momento de retomar esas pruebas de compatibilidad que se habían hecho hacía años en Granada. Luis tenía un perfil muy complicado y hacía tiempo que no llegaban ni siquiera alertas de trasplante para él. Juan no tuvo ninguna duda sobre la propuesta de su mujer y decidieron acudir a la médica de Luis para ver qué había que hacer, qué opciones había, cómo se haría… Luis resurgió. Estaba positivo, optimista, esperanzado. En ningún momento pensó en el riesgo que podían correr sus padres, en la edad que tenían y que entrarían en un quirófano, en qué pensarían sus hermanos porque también eran sus padres los que se exponía… No podía pararse en eso, quizás era egoísmo, pero en ese momento era demasiado feliz para detenerse en lo negativo que evidentemente podía surgir.

La doctora Teresa García había estado en contacto con Luis desde que fue derivado desde Sevilla a Cádiz por ser ya mayor de edad. Aunque en un primer momento le había llevado como paciente su compañera la doctora Auxiliadora Mazuecos, el historial de Luis no pasa desapercibido cuando llega a una unidad de nefrología. No es fácil encontrar un paciente tan joven, que desde tan pequeño haya sufrido problemas renales graves, que se haya trasplantado varias veces sin éxito y que siguiera no sólo con vida sino viviendo feliz.

Fue estando ya en Cádiz cuando su riñón no aguantó más y tuvo que entrar de nuevo en diálisis. Durante esos años la doctora Teresa puedo ir estrechando vínculos, primero con Luis, lo que no fue fácil, porque, aunque a primera vista pueda ser muy cercano y hasta charlatán, en la consulta se limitaba a escuchar a su médica, responder las preguntas que le hacía y cumplir las indicaciones que le daba. Casi siempre iba solo, parecía que al llegar a Cádiz y a la edad adulta, había querido responsabilizarse de su enfermedad. Por eso le sorprendió a la doctora Teresa que le dijera su auxiliar que había una pareja que quería verla. Eran los padres del paciente Luis Rodríguez Guerrero.

Estaban preocupados por Luis, había estado muy decaído, veían que no llegaban alertas de trasplante para él a pesar de estar en una lista de preferencia por estar hiperinmunizado. Es decir, su cuerpo había aprendido a reaccionar a los anticuerpos que había creado a raíz de las múltiples trasfusiones que vivió de niño y a los tres trasplantes, por lo que reaccionaría negativamente a un 98 % de los órganos que hubiera disponible. Si era difícil conseguir un riñón en el caso de Luis se hacía casi imposible. En esta situación le comunicaron a Teresa que querían retomar las pruebas de compatibilidad que ya se habían hecho cuando Luis era pequeño. Algo que llamó la atención de la doctora, por lo poco frecuente, y es que fue Juan el que tomó la palabra.

—Querríamos que fuera yo el que le donara el riñón. Su madre lleva toda su vida al cuidado de Luis y ahora quiero ser yo —dijo convencido.

Y de repente a Antoñita le brillaron los ojos como si fuera aún la veinteañera que se arreglaba como podía, se tapaba las ojeras y se ponía un poco de carmín en los labios, cuando sabía que el viernes tras salir de trabajar su marido llegaría al hospital de Sevilla para relevarla.

La doctora preguntó si Luis lo sabía y qué pensaba él. La respuesta fue contundente:

—Desde que sabe que puede haber una remota posibilidad está más feliz.

Tuvo que explicarles que no era fácil que pudieran donárselo; que debían estar preparados para la peor respuesta, que lo mejor era no ilusionarse, pero que haría lo que estuviera en su mano.

Antoñita y Juan se marcharon, pero Teresa no dejó de darle vueltas durante días a la posibilidad. No se trataba de una familia más. Aquella familia era ejemplar. Tenía clarísimo que detrás de cómo afrontaba Luis la enfermedad estaban sus padres. No había sido educado como un niño enfermo, aun siéndolo. Nunca se le había inculcado el concepto de miedo ni dicho no hagas esto ni lo otro. Había estudiado lo que había querido y había sido feliz haciéndolo. Le habían dejado desarrollarse perfectamente y alcanzar una vida plena, dentro de las posibilidades que le permitía su enfermedad. Y eso era extremadamente difícil y Teresa lo sabía.

Se retomaron las pruebas que los padres se hicieron en Granada. Se habían estudiado los dos, la madre y el padre, aunque finalmente llegó un riñón de cadáver y se dejó el estudio. A esa edad era fácil porque con la lista prioritaria pediátrica era más fácil que los menores consiguieran el órgano deseado. Quizás el matrimonio lo sabía y prefería guardar esta posibilidad para cuando la situación de Luis empeorara, y ahora había llegado el momento. También es cierto que, desde ese momento hasta ahora, había cambiado una cosa primordial y que había hecho que fueran de nuevo primera opción los trasplantes de vivo, se trataba de la introducción de la retirada del riñón del donante por laparoscopia. Esto había conseguido que el riesgo para la persona que ofrecía su riñón fuera mucho menor, las operaciones de estos pacientes eran más sencillas y su recuperación también. Había sido una gran revolución en el avance de los trasplantes y Luis iba a beneficiarse de ello.

Una vez estudiados los dos progenitores, Antoñita era la más compatible, Juan tenía complicaciones que impedía que fuera él. En el fondo para ella fue una satisfacción prefería ser ella, y para Juan una decepción. A Luis fue al único que no le importó, estaba pletórico, e incluso bromeaba.

—Ya te has salido con la tuya, cómo ibas a dejar tú que tu hombre se metiera en un quirófano.

La nefrología como vocación

Los últimos años de la formación de un médico son fundamentales en su futuro, y no sólo por los conocimientos que puede adquirir sino porque es cuando se rota por distintas especialidades y uno puede ver su futuro como médico.

Carlos aún estudiaba en Colombia cuando lo sintió. Ya en sus años de formación la nefrología había sido una materia que le había marcado mucho, pero no sabría cuánto hasta años después. Fue en ese primer contacto con las especialidad cuando conoció a un nefrólogo muy profesional, pero sobre todo y más importante aún, muy humano, que terminaría marcando su futuro, aunque realmente fue una experiencia concreta en esos primeros años la que le marcó para siempre y determinó el rumbo de su vida y no sólo en lo profesional.

En su año de interno estaba atendiendo a una paciente. Era una chica de tan solo quince años. Venía de una familia de muy pocos recursos. La joven tenía edemas en las piernas, parecía por acumulación de líquido, y la tensión muy alta, pero no se podía saber por qué sin hacer pruebas complementarias. En Colombia la sanidad era muy distinta a la que había en España. Allí los estudios de los pacientes dependían de que la familia pudiera pagar las pruebas. Es más, existía una ayuda para personas con pocos recursos, pero esta familia ni siquiera la tenía concedida. Por tanto poder hacer una simple analítica de sangre y ver el nivel de creatinina se convertía en una misión imposible. Tanto estaba afectando este caso a Carlos que, junto con sus compañeros, decidió hacer una colecta para, entre todos, poder pagar la prueba.

Después de tres semanas, empezaron a desvelar el cuadro de la enfermedad que tenía. Se trataba de Lupus, una enfermedad autoinmune, es decir, el propio sistema inmunitario ataca a las células y tejidos sanos por error. Esto puede dañar muchas partes del cuerpo, incluyendo las articulaciones, piel, riñones, corazón, pulmones, vasos sanguíneos, incluso el cerebro. Cuando se encontró el diagnóstico ya tenía los riñones muy deteriorados, tenía que empezar urgentemente la diálisis y de nuevo se encontraban con la barrera de no tener asistencia sanitaria gratuita.

Carlos se formó en Barranquillas y allí se encontraba también nefrólogo con el que se había formado y donde había sesiones de diálisis. Habló con él, le contó el caso y no lo dudó ni un solo momento; tenían que trasladar a la chica y él mismo le podría un catéter y comenzaría a darle el tratamiento.

Ya tenían el tratamiento, pero se encontraban con un nuevo problema, la chica estaba en Cartagena y la unidad de diálisis en Barranquillas. Eran 120 kilómetros. Para esta joven esa distancia era cuestión de vida o muerte. Tuvieron que recaudar de nuevo fondos, esta vez para pagar a la ambulancia que la trasladara hasta su tratamiento médico. Pero mientras conseguían el dinero para el trasporte la chica falleció. Habían descubierto la enfermedad que tenía, habían logrado el tratamiento y un traslado de 120 kilómetros le robó la posibilidad de seguir viviendo, a sus quince años, con todo un futuro por delante.

Carlos nunca superó esta pérdida. Fue la que marcó su vida y por la que decidió que sería nefrólogo. Y fue esa meta la que hizo que llegara a Cádiz, a una ciudad a más de siete mil kilómetros, de la que nunca había casi escuchado hablar, atravesando el océano y dejando mucho de lo que quería al otro lado del océano.

En todo esto estaba pensando Carlos mientras revisaba el historial médico de Luis. Un joven hiperinmunizado que quería recibir un riñón de su madre. Pero no sólo era una historia más porque Carlos pasó su primer año en el centro periférico de Chiclana, donde Luis era dializado, y fue allí donde puso cara, voz y sentimientos a una historia médica de las que hay pocas, de las que no pasan desapercibidas e impactan y de las que sirven de estudio a los especialistas.

Carlos, ya convertido en el doctor Narváez, sabía que no era lo mismo estar en el hospital y ver puntualmente a los pacientes cuando tenían un problema que verlos casi a diario y seguir todo su proceso. En los años en los que se había formado en nefrología el tratamiento había cambiado y mejorado mucho, aumentando la calidad de vida de los pacientes y su supervivencia, pero seguía siendo un tratamiento muy duro.

Luis era un paciente que, aun siendo muy joven, se responsabilizaba mucho. Algo muy importante en los pacientes renales ya que la diálisis solo es una parte, el resto consiste en una buena alimentación, un cuidado exquisito tanto del físico como del resto de la salud. Luis era responsable, tanto es así que cuando no lo iba a ser lo avisaba:

—Este sábado tengo una boda, así que el lunes no me vayas a reñir —decía entre risas.

Siempre escuchaba las recomendaciones y Carlos lo notaba en los resultados, todo condicionado por sus ganas de seguir viviendo. La gente que no conozca bien la historia podría pensar que había sido afortunado, porque no todo el mundo que nace con una enfermedad renal consigue ser trasplantado en tantas ocasiones, pero un médico ve el historial desde otro prisma; otro paciente en las situaciones por las que ha pasado Luis ya habría fallecido, una situación similar es difícil que se repita dos veces. Y el doctor Narváez lo sabía. Por eso entendía que Luis fuera distinto a los demás, que hubiera tenido que crecer y madurar a pasos agigantados. Y eso que, con todo lo que había vivido Luis, podía incluso haberse entendido que en algún momento hubiera tirado la toalla, pero seguía comprometiéndose y luchando.

Y no solo eso, sino que además no se conformaba, siempre estaba buscando él mismo alternativas. Cuando ya llevaba un tiempo en diálisis un día le preguntó al doctor Narváez por una nueva técnica para seguir en casa. Quería ser más libre por no tener que ir tres días a la semana al centro a recibir su tratamiento, empezaba a notar que las vivencias entre esas paredes cada vez le pasaban más factura a su estado anímico y, además, creía que esto beneficiaría a su trabajo.

La hemodiálisis domiciliaria se utiliza con normalidad en el norte de España; sin embargo, en el sur, mientras que la peritoneal en casa está muy extendida, la hemodiálisis es muy residual. Luis lo sabía y Carlos también, pero ambos pensaron que había que intentarlo. Finalmente, no dio tiempo.

Mientras el doctor Narváez se enteraba de esta técnica que también se incluye en el Servicio Andaluz de Salud hubo una reunión para hablar de Luis y del posible trasplante del riñón de su madre. No fue una reunión fácil ni una decisión unánime. Había demasiadas cosas en contra, muchas posibilidades de que no saliera bien; desde que no se le pudiera colocar el órgano y salieran los dos sin el riñón, hasta consecuencias graves para Luis. Cada vez tenía menos posibilidades, la hiperinmunización hacía que el rechazo fuera más probable, las cicatrices y la cantidad de fibrosis por las múltiples intervenciones también lo complicaban. Todo dificultaba la decisión.

La enfermedad renal genera mucho apego a los médicos y viceversa. Los pacientes se aferran a su nefrólogo y no solo ellos sino también sus familias. La nefrología tiene ese algo especial. Por eso no solo es difícil desconectar sino que los médicos mentalmente se llevan muchos casos a casa. Eso sucedía con el caso de Luis, por eso no fue fácil la decisión.

La doctora Teresa García y Auxiliadora Mazuelos, que eran la que más tiempo habían llevado a Luis, tenían muchísimas dudas, el doctor Narváez era más arriesgado. Entre otros también estaba en esa reunión el urólogo, Juan Soto, que era el que tenía que llevar a cabo la intervención, volver a abrir a Luis, colocar el órgano nuevo y conseguir que funcionara, y los inmunólogos también tenían mucho que decir. Hasta que no llegara la compatibilidad de la madre tenían tiempo para decidir, finalmente llegó la respuesta, era positiva y se dio luz verde al trasplante.

Que una madre te done un riñón

A ella ya le ha *podío* el sueño,
pronto me pasará a mí,
mi padre se ha *quedao*
cuidando de mi hermanita,
que está rezando.
Por tercera vez hoy me trasplantan,
seguro saldremos bien,
pero hay una cosa que me arde de verdad:
la otra persona
que donará.
Nunca sabré cómo hacer
para agradecerle a ese angelito
que se quite parte y yo vuelva a nacer,
ya me estoy durmiendo temiendo qué pasará,
quiero despertar y ver cómo estará
y que su riñón conmigo empiece a caminar.
¡Ay!, a mi madre, que otra vez me da la *vía*,
no sabéis cuánto mi alma está *agradecía,*
que nunca os falte
y que sea como la mía.

Luis el parlanchín, el gracioso, el dicharachero, el que tiene amigos por todas partes y al que nunca le falta un plan al que apuntarse, aunque no lo pudiera parecer era una persona muy reservada. Una persona de esas que casi nunca habla de sus sentimientos y si lo hace es en situaciones muy determinadas y con personas muy concretas. Por eso, en un momento así prefirió coger la pluma.

Últimamente era su forma de desahogo sobre todo en las redes sociales. No llamaba a un amigo y le decía «necesito un café» y le contaba cómo estaba, escribía un estado en su muro de la red social Facebook, que leían sus amistades y entonces le llamaban y le preguntaban qué le pasaba. Siempre tenían que hacerlo con una broma por delante para quitarle seriedad y que él se abriera.

—Quillo, Lewis que pareces un filósofo. Qué profundo estás, vamos a tomarnos una caña y verás que se te quita todo.

Pero esta vez, ante una situación tan difícil como que tu madre voluntariamente entre en un quirófano, con el riesgo que entraña, para darte una vida mejor, se decidió, como buen carnavalero que siempre ha sido, por este pasodoble. Luis no consiguió seguir estudiando y no leía mucho, pero cuando se trataba de expresar sus sentimientos esas barreras no lo frenaban. A veces utilizaba metáforas difíciles de entender, pero para sus amigos, los de siempre, los que le habían levantado en el campo de fútbol del suelo, como habían compartido noches de borrachera con un montón de bolsas que le permitían seguir adelante enganchadas a su cuerpo, esos sabían cuándo estaba lanzando una señal de socorro y aparecían, como lo habían hecho siempre, a prestar ayuda.

A pesar de los temores Luis estaba pletórico por la posibilidad de tener un riñón nuevo, alejarse de la diálisis y montar su nueva vida.

Antoñita no tenía miedo de meterse en quirófano. Realmente, se alegraba de ser ella y no Juan la que se encontrase en esa camilla. Todo estaba listo. Cada uno en su camilla preparado. Luis le había dado una carta como su forma de agradecerle lo que se disponía a hacer. Unas letras que le hicieron recordar cuánto habían vivido juntos desde ese cristal que les separaba en neonatos días después de nacer, las interminables noches de ingresos en Sevilla que pasaba escondida para no tener que irse del hospital, el día que le hablaron de que ella se encargaría de la diálisis de su hijo, la primera noche en la que sintió que la vida de Luis estaba en sus manos y en la de ese aparato con tantos tubos y botones, cómo se quedaba dormido Luis de madrugada en sus brazos tras el cambio y cómo nunca había sentido algo tan intenso, los primeros días de colegio, sus rodillas destrozadas al subir la escalera arrastrándose por los aparatos de hierro que tenía que llevar, los trasplantes fallidos, las llamadas de urgencia que finalmente fueron falsas alarmas, la primera vez con esas grandes agujas en la sala de hemodiálisis infantil, el tercer trasplante, el cambio de vida, vivir obsesionada con que no olvidara las pastillas de las ocho, intentar hacer vida normal, la noticia de que su riñón había vuelto a fallar, la diálisis en Chiclana, su cambio de aspecto, el envejecimiento prematuro de su niño bonito y lo que más le dolía su cambio de carácter…

En todo eso pensaba cuando vio que a su lado, además de toda su familia, estaba la enfermera Charo. Ya se había jubilado, pero siempre sería su enfermera y allí estaba. Se había desplazado desde Sevilla hasta el hospital Puerta del Mar y tenía la misma cara de seguridad de siempre y eso le hacía sentir mucho sosiego. Contuvo las lágrimas, en su lugar apareció una sonrisa de tranquilidad. Estaba preparada. Se despidió de su familia y se la llevaron en la camilla hacía el quirófano.

El equipo estaba listo. En un quirófano se encontraba Luis y en otro Antonia. Un equipo de profesionales encabezado por el jefe de la unidad se encargaría de retirar el órgano al donante y otro de colocárselo a Luis. Este segundo estaba presidido por su urólogo, Juan Soto.

El doctor Soto llevaba toda la vida realizando trasplantes. Estudió Medicina en Málaga y tuvo la suerte de ser alumno interno en cirugía durante sus años de estudio. Cuando terminó su formación, con unos 24 años, sabía más de trasplantes que muchos alumnos de ahora habiendo terminado el periodo de residencia obligatorio. Era otra época y pudo hacer su primer trasplante en su segundo año de residente, algo impensable hoy. En Cádiz se encontró con un servicio bastante mayor lo que facilitó que le dejaran más espacio y su bagaje hizo el resto. En poco tiempo participaba en todos los trasplantes con el jefe de la unidad y cuando este se jubiló ocupó su puesto. Ahora mismo participa en todas las donaciones de vivo.

La parte quirúrgica no ha evolucionado mucho desde los años cincuenta, pocos detalles, como por ejemplo la calidad del hilo de sutura. Los trasplantes casi siempre se realizan de madrugada, en fin de semana, de forma inesperada… Eso complica la intervención, es lo negativo de la técnica. Lo bueno, das vida, eso es indescriptible y el receptor y su familia lo saben y lo agradecen.

Pero el caso de los trasplantes de vivo es distinto. En un caso como el de Luis hay un protocolo de estudio que analiza cualquier tipo de complicación previa si existiera, por ejemplo falta de espacio para colocar el órgano, como le sucedía a él.

El doctor Soto recibió a un paciente multioperado, con muchas cicatrices, muchas bridas, adherencias… Todo esto como consecuencia de las múltiples intervenciones sufridas. Cada detalle dificultaba el trasplante. Pero a esto había que sumarle que lo normal es que, a una persona que recibe un riñón, no se le quite el anterior si no causa problemas, porque retirar un riñón es una operación más y perjudicaría las nuevas intervenciones. Pero a Luis se le había tenido que ir retirando algunos porque si no en ese momento tendría los dos naturales más tres que había recibido en total cinco, ¿cómo ponerle otro más? Además, Luis llevaba años con problema de uretra.

No obstante, el doctor Soto dio el visto bueno para esta intervención. No iba a ser fácil, lo sabía de inicio, había muchos riesgos. En los trasplantes de vivo es fundamental que el donante salga de la intervención sin riñón, pero prácticamente igual que entró. Por eso hay que ser muy cuidadoso y es lo que ha facilitado la retirada del órgano por laparoscopia. Antes de esta técnica el donante corría un riesgo mayor, tenía que estar más días de hospitalización y el posoperatorio era más largo y peligroso. Por todo esto, los mismo nefrólogos no lo aconsejaban salvo en ocasiones concretas. Pero, al disminuir los riesgos para el donante, los especialistas fueron los primeros en aconsejar el trasplante de vivo y potenciarlo, aumentando significativamente las cifras. Esto elimina la angustia de la lista de espera, el deterioro de la diálisis y aumenta la posibilidad de compatibilidad, entre otros.

La seguridad de Antoñita estaba, dentro de lo posible, garantizada. La situación de Luis era bien distinta. Le habían explicado los riesgos. Incluso que saliera sin el riñón y con alguna otra complicación como problemas de movilidad. Pero Luis quiso asumir los riegos y los especialistas también, era muy joven aún.

El doctor Soto confiaba en sus capacidades, lo tenía todo estudiado, pero hasta que no hizo la incisión no empezó a encontrarse con los problemas. Una vejiga con muchas intervenciones, liberar las arterias, ir despejando los intestinos, buscar centímetros libres para colocar el órgano. Había mucha fibrosis por las anteriores intervenciones. El doctor Soto intervenía en todos los trasplantes de vivo desde 2007, la experiencia, en ese momento, era funda-mental para poder seguir, pero detrás de cada puerta que intentaba abrir se encontraba con un muro, con una nueva complicación. El cuerpo de Luis no estaba virgen y eso dificultaba los accesos. Entraron por una antigua cicatriz, pero no conseguían llegar porque no podían despegar los tejidos. Cuando por fin consiguieron llegar al riñón, no tenían hueco para colocar el nuevo.

Lo normal en un trasplante de vivo es que mientras se prepara al receptor del órgano, se esté trabajando ya en el donante porque el periodo en el que un cuerpo esté abierto y el tiempo que un órgano pase sin colocarse pueden ser fundamentales para el desarrollo de la intervención y, sobre todo, para que el órgano funcione bien. Pero siempre se intenta que lo que se vaya avanzando en el donante sea reversible, por si acaso. En el caso de Luis se estaba prolongando el proceso de preparación del receptor por lo que se avanzó demasiado en el donante. El riñón de Antoñita estaba preparado para colocárselo a Luis, pero vieron que no había manera de acoplárselo a Luis.

Juan vio llegar a una persona vestida con bata verde hasta donde ellos estaban. Había pasado poco tiempo para que fueran buenas noticias.

—Los especialistas siguen trabajando, pero, a lo mejor, el riñón de su mujer no puede ser para su hijo y no queremos que se pierda, necesitamos autorización para que, en el caso de que no pueda ser para su hijo, sea para otra persona de la lista de espera. El protocolo nos obliga a empezar la gestión ya —explicó con el tono más suave posible una voz que Juan escuchaba, pero no alcanzaba a entender.

Seguro que en alguno de los pasos del proceso les habían informado sobre esto o en alguno de los miles de papeles que habían tenido que firmar, pero no lo recordaba. Nunca había pensado en esta opción, que después de tantos esfuerzos, después de los días de nervios y angustia, que Antoñita saliera con un riñón menos y Luis tuviera que volver a diálisis después de todo.

A partir de aquí los minutos se volvieron horas. Estaban deseando verlos salir del quirófano y abrazarlos, pero aún tendrían que esperar.

Dentro, el doctor Soto no se daba por vencido. Sabía que estaban buscando a otro posible receptor, pero él no era de los que tiraban la toalla aunque las opciones se fueran reduciendo drásticamente. Era una de las operaciones más difíciles a las que se había enfrentado. Cuando consiguió hacer el hueco y vio que el riñón estaba conectado tuvo ganas de gritar, pero no podía perder ni un minuto, Luis había estado mucho tiempo abierto, había que cerrar, las celebraciones mejor más tarde.

Lo habían conseguido. Cuando todo estuvo controlado salió a hablar con la familia. Aún creían que el riñón no había sido para Luis.

—Ha sido muy difícil, pero el órgano está trasplantado. Primero podrán ver a Antonia y más tarde a Luis. Ahora queda ver cómo reacciona el riñón, pero ha sido difícil, muy difícil —explicaba con signos de agotamiento el doctor mientras la familia solo podía dar las gracias entre sonrisas, lágrimas y algún grito de sorpresa.

El posoperatorio no fue nada fácil, sobre todo para Antoñita. Durante la intervención entran muchos gases y, aunque no era algo grave, era muy doloroso.

Luis no dejaba de gastar bromas, como cuando era niño. Acababa, prácticamente, de salir del quirófano y no paraba, hablaba con todo el mundo, contestaba al teléfono…

La oportunidad que llevaban años esperando

El día once de diciembre tuvo lugar el trasplante, después del puente de la Inmaculada que desde hacía unos años se había convertido en el escopetazo que marcaba el inicio de la Navidad. Para la familia Rodríguez Guerrero fueron unas celebraciones bien distintas. Antoñita, Juan, Juan Antonio y Luis ya sabían cómo era pasar estos días en un hospital. Para Carmen era la primera vez, como de otras tantas cosas, pero a ninguno le importó. El riñón de Antoñita había empezado a funcionar en el cuerpo de Luis, lo demás no tenía importancia.

Luis tuvo que estar cuatro días en aislamiento, en una habitación en la que solo podían entrar los sanitarios encargados del tratamiento de los recién trasplantados. Había un protocolo muy concreto para el cuidado de estos pacientes. Tras salir de la Unidad de Cuidados Intensivos permanecerían un mínimo de cuatro días casi sin contacto con el exterior. Suele ser un proceso muy duro para la mayoría de los pacientes ya que a no poder salir, ni moverse, ni estar con los suyos se une que esos primeros días pueden surgir muchas complicaciones. Desde vómitos, nauseas, somnolencia, dificultad al respirar, dolor generalizado debido a la intervención. Hasta que el riñón no reaccione, está como dormido y hace falta dializarlo para activarlo, pasando por infecciones urinarias, hemorragias, fugas de orina o el gran temido rechazo. Y todo esto estando prácticamente incomunicado, por eso la complicidad con los sanitarios en estos días es fundamental. Estas dificultades pueden o no darse, según cada paciente, pero lo que sí comparten todos es el estar inmunodeprimido o bajo de defensas. Es decir, que el sistema inmune que se encarga de «defender» el cuerpo de las infecciones, está limitado con una medicación inmunosupresora. Por eso es tan importante el aislamiento.

Luis ante los trasplantes no solía tener miedo, tristeza, desasosiego, negatividad o necesidad de estar con la familia. Salía pletórico de las intervenciones y llevaba muy bien esos primeros días y las limitaciones pautadas por los facultativos, aunque aprovechaba cada ocasión para preguntar por su madre. Era lo que más le preocupaba. Antoñita estaba pasando un proceso de recuperación duro, pero en poco tiempo fue mandada a casa. Luis tardó un poco más y tuvieron que estar Nochebuena y Fin de Año en el hospital. Pasar las fiestas navideñas entre batas blancas siempre es duro, pero ellos eran unos de los pocos afortunados, junto a las mujeres recién paridas, que veían su ingreso como un regalo. Sabían que más allá de esas paredes estaba su nueva vida esperándoles, sería dentro de muy poco tiempo.

El año 2012 no pudo comenzar mejor para Luis. El día uno le dieron el alta y al día siguiente corrió a los brazos de María. La playa de La Barrosa, su playa, se convirtió ese día en la de los dos y fue testigo de su cariño, de la materialización de sus deseos y el resultado de las continuas conversaciones por teléfono, de los infinitos mensajes, de las promesas a kilómetros de distancia. A pesar del frío de enero para ellos era primavera. La complicidad era tan grande que parecía que llevaban juntos toda la vida. Un simple café se había convertido en algo casi mágico. Y todo esto con la tranquilidad que le provocaba a Luis el hecho de que ella supiera lo que implicaba su vida. Lo había conocido estando en diálisis y había vivido con él todo el proceso del trasplante de su madre. Nunca había compartido tanto con una chica, para él todo era nuevo y se sentía más que feliz. Desde ese día las citas se multiplicaban y la relación se afianzaba, a pesar de la distancia. Luis no pudo esperar para presentarla a sus amigos entre los que, desde el primer día, parecía una más. Quizás verla entre los suyos fue lo que le dio fuerzas para lanzarse y consolidar la relación. A partir de este día María era su novia y las separaciones cada vez eran más difíciles y el único consuelo que encontraban era el de las frases carnavaleras que se regalaban a través del teléfono y con las que se daban fuerza hasta el siguiente reencuentro.

En muy poco tiempo, en menos de un mes, la vida de Luis había cambiado radicalmente; riñón nuevo y corazón más que pletórico. Era feliz, muy feliz. Tan contento estaba que las revisiones en el hospital no le parecían importantes. Es cierto que el riñón no iba todo lo bien que se esperaba, pero no porque hubiera rechazo, sino porque estando Luis hiperinmunizado más los problemas de uretra, las analíticas estaban ligeramente alteradas. Pero en ese momento, se sentía con fuerzas para todo, tanto es así que pidió permiso a los médicos para desplazarse unos días a Madrid y devolver a María parte de los esfuerzos que ella había hecho. Allí conoció a sus amigos, Luis se sentía muy distinto a ellos, pero no le importaba porque veía a María feliz de que él estuviera allí y eso le bastaba. Le gustaba verla con su gente, comprobar que realmente era como él la conocía y que lo suyo no era un sueño sino una realidad. La miraba y veía todo lo que había soñado y que nunca había pensado alcanzar. Cuando le acariciaba o le sonreía pensaba todas esas oportunidades que no había aprovechado por miedo a ser rechazado por su enfermedad, se sentía ridículo por haberse sentido distinto o por haber interpretado que tener una pareja no era para él. Pero no quería mirar hacia atrás, quizás todo había pasado así esperando a que ella llegara. Fueron días inolvidables. Era la pieza que le faltaba en ese momento. Cuando ya llevaba unos meses de relación y se sentía más seguro de sí mismo, un día, antes de bajarse del coche de Pepa, que por entonces tenía novio, le preguntó dubitativo pero decidido, como si fuese una duda que siempre había tenido dentro y que le iba a quemar hasta que la soltase.

—¿Yo a ti te habría gustado?

Pepa se quedó fría al escucharlo, pero contestó rápidamente.

—Sí, ¿por qué no?

Hubo un gran silencio. Se miraron. Luis sonrió y dijo.

—Bueno, pero tú ahora estás felizmente enamorada y yo con María —guiñó el ojo y añadió—: Tú te lo pierdes.

Y se marchó como siempre riendo y dejando a Pepa también con una sonrisa en los labios.

Pero algo cambió, un día Luis notó que María estaba algo extraña. No sabía qué le pasaba. Pensó que podía ser porque les quedaba poco tiempo juntos, pero no, era algo distinto, nunca la había visto así. Consiguió que le hablara, que le contara.

—Es que me ha preguntado que si estoy segura de lo nuestro. No por ti sino por tu enfermedad, que es algo para toda la vida y que me ve muy ilusionada y que si yo me he parado a pensar lo que implica —le dijo después de mucho insistir.

En ese momento, Luis se sintió el enfermo que nunca había querido ser. Ese que evitaba jugando incluso recién intervenido al balón, ese que no dejó que su madre le ayudara a subir las escaleras del colegio a pesar de tener las piernas llenas de hierros, ese que le obligaba a soportar largas jornadas delante de los fuegos de una cocina para no sentirse un incapacitado. Solo escuchar esa frase la lucha de tantos años cayó en saco roto. No quiso darse cuenta en ese momento, es más consoló a María y le dijo que ella podía tomar la decisión que creyera más oportuna, que él la comprendería, pero que, quizás, la amiga que le había dicho eso no conocía bien su enfermedad y por eso se equivocaba al interpretar cómo podía afectar a una vida. Todo quedó ahí, María le besó y siguieron con los planes que se habían marcado, pero meses después se dio cuenta de que desde ese momento ya nunca fue lo mismo. Siguieron los reencuentros, los mensajes en la distancia, los días importantes compartidos juntos. Fiesta sorpresa en el cumpleaños de ella, una camiseta del Betis con el número doce, el día del trasplante, no podía ser otro.

María era una más en casa de Luis. Antoñita estaba muy contenta porque veía cómo su hijo por fin hacía su vida. Se alegraba tanto de los pasos que habían dado para llegar hasta ese momento, que todo esfuerzo había merecido la pena por disfrutarle ahora así. A ella se le veía muy familiar, incluso a la sobrina de Luis le decía que la llamara tata y le hacía regalos. Desde el principio quiso formar parte de la familia y, aunque a algunos les extrañaba la rapidez, veían a Luis tan bien que las dudas se esfumaban. Y lo más importante, en esas fechas ya hablaban de irse Luis a Madrid a trabajar y poder montar una vida allí, incluso empezaron a buscar piso y vieron algunos.

A Antoñita le daba miedo el paso, pero entendía que tenía que ser así. Cuando Luis les comentó a los médicos el cambio, Teresa le pidió que no traspasara su expediente a Madrid, que era aún muy pronto, que el riñón no funcionaba al cien por cien, por lo que quedaron que para las revisiones seguiría bajando a Cádiz. A Luis no le importaba, cualquier esfuerzo era pequeño si suponía dormir cada noche con María. Y así llegó el verano. En junio Luis hizo varias entrevistas en restaurantes y hoteles y veía muy probable empezar a trabajar en julio. Cuando estaban solos todo iba bien, pero cuando intervenían en su esfera otras personas surgían los problemas, las dudas, las vacilaciones de ella. Algo que creaba también inseguridades en Luis. Estaba a setecientos kilómetros de casa, y de su hospital, no le importaba incluso sabiendo que las analíticas estaban empeorando y que él no se sentía del todo bien, podía soportarlo aunque sabía que si no fuese por María estaría en Chiclana y más pendiente de las revisiones, incluso se plantearía una baja médica porque pensaba en meterse en una cocina de nuevo le daba pavor. Pero no dejaba que nada de eso tomara sus pensamientos, se mantenía mientras fueran dos y ambos quisieran lo mismo, pero notaba que no era así.

Un día fue al baño y notó que algo no iba bien. Tenía las piernas hinchadas, le escocía al orinar, sentía que tenía fiebre… No le dijo nada a nadie, cogió el autobús y se fue directamente hacía Cádiz, al hospital. En las ocho horas de trayecto le dio tiempo de pensar en todo. Sabía que no era una simple complicación. Notaba que era algo grave. Escuchaba en su cabeza las palabras que la amiga de María le había dicho. Qué implicaba, ¿entrar de nuevo en diálisis? ¿No poder vivir juntos? ¿De nuevo una relación a través del teléfono, sin caricias, sin besos, sin un futuro en común? ¿Podrían tener hijos? Ni siquiera podría bañarse con ellos en la playa si estaba en diálisis. ¡Cómo podía pedirle a la mujer que quería que se conformase con una vida así! Luis sintió que se le caía una venda de los ojos. Un antifaz que había llevado ocho meses, ocho dulces meses. Llegaría al hospital y lucharía por su riñón, bueno por el de su madre, era lo que tenía que hacer ahora.

Cuando entró por la planta de nefrología le estaban esperando. Le hicieron pruebas, analíticas y le cogieron una vía. Su experiencia le decía que no iba a ser algo rápido.

Entonces llamó a casa. Sus padres volaron hacía el hospital, no era momento para enfadarse, al llegar ni siquiera le echaron en cara que no hubiera llamado antes, tampoco habría cambiado nada.

No fue algo inminente. Pasaron todo el verano en el hospital. Le daban el alta y a los dos días de nuevo volvía a ingresar. Fueron meses insoportables. ¿Cómo era posible que hubiese durado tan poco el riñón? Un órgano donado por su madre, que tanto esfuerzo había costado y que no fuera a cumplir ni el año. No podía seguir mirando hacia otro lado, las analíticas emporaban por día y la función renal ya era casi inexistente. En agosto Luis, en lugar de estar tirado en su playa, volvía a diálisis. Y como todos los que cruzaban esa puerta, sin saber por cuánto tiempo. María poco a poco se fue distanciando, quizás no se le podía exigir más.

Cinco años, sesenta meses, en hemodiálisis

La vida de Luis volvió a cambiar radicalmente. Tan rápida fue la subida como la bajada. Le cambiaron los esquemas que se había creado, las ilusiones que se había hecho. Se unió la ruptura sentimental con la pérdida del riñón, fue su peor momento. Tenía que volver a diálisis y después del rechazo del riñón de su madre sabía que no sería fácil encontrar otro. Este bache fue un punto de inflexión para Luis. No lo decía, pero se le notaba que estaba casado de luchar. De repente perdió todas las fuerzas que meses antes había recobrado. Y no sólo a él, también le afectó mucho a su familia. Su madre, que era la que siempre le animaba y nunca le dejaba caer, cuando vio que rechazaba también su riñón creyó que se volvía loca. Y eso que habían pasado por momentos duros, durísimos, y que nunca se había permitido flaquear, pero este golpe había sido demasiado duro para todos. Pensaban que con un riñón emparentado tendrían años de descanso por delante; pensaban que sería el definitivo, pero no, no fue así, no llegó ni al primer aniversario. Esa posible solución, ese clavo ardiendo al que agarrarse, se esfumó. Solo funcionó ocho meses.

El riñón no da tregua, a pesar del *shock* del rechazo, no te deja encerrarte en casa y no salir, no te deja escaparte de la realidad, no puedes. Quieras o no, la diálisis manda y Luis tuvo que regresar al centro de Chiclana. El primer día fue muy duro. Se encontraba con compañeros que había dejado hacía unos meses con la alegría de que se trasplantaba. Era desilusionante su regreso para todos, pero allí estaban los sanitarios para hacerle más llevadera la vuelta. Luis se cubrió de nuevo con su coraza, intentó sacar su *alter ego* de fuerza y se agarró al positivismo que siempre le había caracterizado. Aunque no era nada fácil, el golpe había sido demasiado duro.

Durante unos meses intentó seguir trabajando, incluso montó un restaurante con un socio. Intentaba volver a su «normalidad», pero su cuerpo no le dejaba. Nunca quiso reconocer que era por salud. Tuvo que pedir una baja, pensaba que recobraría fuerzas y volvería, pero su cuerpo no le acompañaba. Estar tantas horas en la cocina se le hacía cuesta arriba y no tenía formación para reciclarse en otro oficio. No quiso pedir la incapacidad en ese momento, su estado de ánimo no se lo permitía, pero todos sabían que estaba agotado, que el riñón no le permitía estar en diálisis tres días a la semana y salir para ponerse a trabajar. Ya no tenía quince años y el cuerpo no respondía como antes. Además cada día en diálisis se deterioraba. Y no solo físicamente.

Luis siempre estuvo rodeado de amigos, pero en ese momento hasta ellos flaqueaban. Que si el trabajo, que si la mujer y los niños, cada uno había montado su vida y salir con Luis de marcha no encajaba en sus planes. Algunos ni siquiera fueron conscientes de lo mal que lo estaba pasando en ese momento. Eran estos los que sí hacían el esfuerzo cuando, aunque Luis intentara que no se dieran cuenta, lo notaban bajo de ánimos. Le recogían de diálisis y se marchaban, cualquier plan era bueno si era con amigos, pero había días que él mismo ponía una excusa porque le fallaban las fuerzas.

En casa le costaba más mantener el tipo. Era donde tenía confianza, donde se quitaba la máscara y flaqueaba. El carácter le cambió tanto que hasta sus sobrinas a las que siempre ha querido con locura se lo notaban. Luis se estaba trasformando en otra persona. Llevaba cinco años en diálisis, cinco años para un chico de 29 es demasiado tiempo. Cinco años de complicaciones en el tratamiento, cinco años de momentos que se ha tenido que perder por estar atado a una máquina, cinco años de personas a las que conoció en esas máquinas y que ya no estaban. Demasiados días y dando gracias por seguir.

Luis envejeció prematuramente, de un día para otro perdió el pelo y la hinchazón del tratamiento le hacía parecer mucho mayor que su hermano. Estaba muy deteriorado. Antoñita estaba muy preocupada. Ya no había ni alarmas de posibles donantes, era como si todos hubieran tirado la toalla y nada pudiera cambiar.

Un día Juan Antonio lo habló con su madre. Tenían que hacer algo. Antoñita propuso retomar la opción de que Juan fuera el donante, pero su hijo le abrió los ojos. Si el de ella no había servido, ¿para qué iban a intentarlo con el de su padre que era menos compatible? Había que buscar otras vías. Él quería hacerse las pruebas. Antoñita quiso negarse, pero sabía que su hijo mayor tenía razón. Lo hablarían con los médicos, pero lo más importante era que Luis no se enterase de nada por si era una falsa esperanza.

Más que un hermano

Cuando Luis recibió su tercer riñón, Juan Antonio sintió que también él nacía de nuevo. Le costó asumir que ahora su hermano no necesitaba que estuviera pendiente de él cada minuto, tampoco su madre tenía que cuidarle a cada instante y por fin podía atenderlos a los dos por igual. Luis era un joven independiente y había que dejarlo crecer.

A veces eran sus propios amigos lo que no llegaban a entender el cambio y le sacaban de su nueva situación. Le alertaban de que Luis se había tomado una copa de más o le recriminaban que determinada actitud podía pasarle factura a su riñón. Su respuesta como hermano siempre era contundente.

—Chicos, Luis tiene la edad que tiene y ya está, ¿tú no te las tomas? Que disfrute. Demasiado ha sufrido ya.

Así fueron pasando los años, y Juan Antonio fue no olvidando porque era imposible, pero sí intentando dejar a un lado las dificultades que tanto él como su familia habían vivido. Dejó de sentir que tenía que cuidar a los suyos, un sentimiento que desde muy pequeño le perseguía, para empezar a atenderse a sí mismo. Fue reduciendo sus exigencias y al relajarse conoció a Mari, una chica muy sencilla y cariñosa que rápidamente se convirtió en parte de los Rodríguez Guerrero. Se enamoró de ella y en 2008 la familia volvió a estar de enhorabuena, de nuevo se le adelantaron los Reyes Magos, y el día 3 de enero nacía Aurora. La primera hija, pero también la primera nieta y la primera, cómo no, sobrina. La vida les daba una nueva oportunidad para ser felices.

Luis y su hermano siempre habían estado muy unidos. A Juan Antonio nunca se le tuvo que pedir que cuidara a su hermano, ni siquiera cuando era muy pequeño, siempre salió de él. Tenían una relación que era la envidia de todos los que los conocían. Consiguió no sobreprotegerlo y que, a pesar de todo, fuese una persona feliz. Los hermanos, hasta una edad, pueden encontrarse condenados a estar juntos, pero ellos lo escogieron, voluntariamente, y sin que el camino fuera fácil. Su relación era más que especial, tanto es así que en los peores años de Luis, cuando la diálisis y la ruptura sentimental le tenían hundido, Juan Antonio quiso buscar un motivo de aliento, de fe, quiso que fuera el padrino de su segunda hija, Lola. Era una forma de demostrarle lo importante que era para él, pero, sobre todo, de expresarle que la vida seguía, que había muchos motivos para luchar y mucha gente que le necesitaba.

Para Luis fue un gran aliciente, una gran felicidad y aunque se bautizó en uno de los días más calurosos del año para él fue un día perfecto. Hacía un año que había sufrido el rechazo del riñón de su madre, un año en el que había tenido pocos motivos para creer, pocas razones para volver a tener esperanza, y su hermano lo sabía, por eso se le ocurrió la idea de convertirlo en padrino y que viera cómo la pequeña se reía en sus brazos, que notase lo que él sentía cada día. Y acertó… Fue un día más que especial que le devolvió las ganas de luchar, de no conformarse con una vida dependiendo de una máquina de diálisis, quería más, mucho más, y por eso a su vez sufría.

Juan Antonio sabía que había que buscar una solución y que encontrarla pasaba por implicarse. Llevaba tiempo dándole vueltas, pero ver a su hermano cada vez más deteriorado tanto física como anímicamente hizo que se decidiera. Solo lo habló con su madre, sabía que ella sí lo entendería. No estaba al corriente de si había muchas o pocas posibilidades, si podría darle o no uno de sus riñones a su hermano, si serían o no compatibles, temía de nuevo hacerle daño a la familia y a su hermano si finalmente salía mal, pero tenía que intentarlo. No se sentía un héroe por dar el paso, simplemente sentía que tenía que hacerlo y no pensaba en nada más. Quizás había gente que no lo entendía, pero tampoco habían vivido lo mismo que él y su familia y, sobre todo, nunca podía ni acercarse a comprender por lo que había pasado Luis.

Un día Juan Antonio vio a Luis tan triste, tan derrotado, que le explicó que tanto él como su hermana Carmen se iban a hacer las pruebas de compatibilidad. La cara de Luis cambió en un instante, no entendía exactamente qué significaba lo que acababa de escuchar, no sabía qué posibilidades había, ni siquiera pensó en ese momento en que su familia había confabulado a su espalda sin que él lo supiera, simplemente vio una posibilidad, una esperanza y ya todo cambió. Parecía mentira, pero no pudo pensar en el anterior rechazo ni en la decepción que sufrieron todos, solo quería soñar con que fuese posible.

Habló con su compañero de diálisis Keko. Le explicó que sentía mucha responsabilidad, que, con su madre, todo había sido alegría, pero que con ellos tenía mucho miedo, que quería estar contento, pero que el temor a que algo saliera mal no le dejaba disfrutarlo. Keko le contó su historia.

Cuando Keko entró en diálisis su padre se ofreció a hacerse las pruebas para ver si había compatibilidad y donarle un riñón, pero él no se lo permitió. Su padre quería ayudarle, pero él no podía soportar la responsabilidad de pensar que la intervención saliera mal y le sucediera algo malo a su padre. Sabía que las estadísticas protegían al donante, pero los sentimientos son irracionales y no entienden de números. Esta negativa y este temor no eran infundados, le venían de su primera experiencia en la donación de vivo. Fue cuando ingresó por primera vez para hacerse la fístula necesaria para poder empezar la diálisis. Coincidió en la misma habitación con un chico que iba a recibir un riñón nada más y nada menos que de su mujer. Todo era alegría. Pero salió mal. Era el primer ingreso de Keko por problemas renales y la desilusión de esta familia le marcó. Decidió que no quería verse nunca en esa situación. Sabía que familiarmente era muy bonito si salía bien, pero no quería arriesgarse a vivir esta misma situación si finalmente, como en este caso, salía mal.

Poco a poco se dio cuenta de que muchos de sus compañeros que pensaban igual que él y que no aceptarían un órgano de vivo. Sin embargo, era algo que pasaba casi desapercibido, nadie lo comentaba. De esa cifra, de la negativa a recibir órganos de familiares, no se hablaba ni salía en la prensa. En los medios de comunicación se contaban noticias felices de familias que, por el altruismo de uno de sus miembros que le donaba un órgano a otro, habían conseguido abandonar la diálisis. Salían las cifras del aumento de las donaciones de vivo, pero nunca se recogían la de esas otras personas que no podían consentir que un familiar se expusiera a una operación de esta envergadura. Keko esperó a que llegara su momento y hubiera un órgano de fallecido para él. Fueron dos largos años en diálisis y por fin recibió la ansiada llamada. Tampoco hubo suerte. A las 48 horas tuvieron que quitarle el órgano recibido por problemas en la vejiga. Lo pasó muy mal, fueron muchos días de ingreso, tenía dos niños pequeños y decidió que no quería intentarlo de nuevo. Ahora, diez años después se planteaba volver a la lista. Sus hijos han crecido y le apetece intentarlo y alejarse de la máquina. La diálisis envejece, deteriora, va mermando y él lo sabe. Siente que ha llegado su momento y así se lo explicaba a Luis, al pedirle su opinión.

—Yo nunca dejé que mi padre me donase su riñón, pero yo no dudaría ni un solo instante en donarle uno mío a mi hijo si lo necesitara, por eso entiendo que se trata de una decisión muy personal. No me encuentro en posesión de la verdad. He intentado que a mi mujer y a mis hijos no les faltara nada, pero tampoco sé si haber permitido que mi padre nos donara ese riñón hubiera mejorado nuestras vidas, y nunca lo sabré. Tú has vivido el rechazo del riñón de tu madre, pero ahora te encuentras en una situación muy difícil al estar hiperinmunizado y eso no hay que ignorarlo. Es muy complicado que te llamen de la lista, eres muy joven y tu familia quiere ayudarte. La decisión es tuya, pero lo más importante es que, sea cual sea, no debes sentirte culpable de haberla tomado.

Algo similar le dijo Juanma, uno de sus amigos de la infancia. Aunque estuvieron unos años separados, las amistades de la infancia son demasiado fuertes como para llegar a romperse. Lo que no sabía Luis cuando le contó la buena noticia es que su amigo le podría sorprender después de tantos años.

—Si hace falta que yo me haga las pruebas también me las hago. Y no lo digo sin conocimiento de causa. Sé lo que implica y, aun así, estaría dispuesto a hacerlo —dijo sin vacilación.

Luis se quedó sin palabras. No sabía qué decir, incluso le costaba tragar saliva e hizo todo lo posible para contener las lágrimas que empezaban a brotar.

Mientras luchaba por no sentirse responsable del paso que sus hermanos querían dar llegaron los resultados. Carmen tenía una compatibilidad bajísima, quedaba descartada, pero la doctora Teresa no podía creer los resultados que arrojaban las pruebas de Juan Antonio. Compatibilidad del cien por cien. Eran hermanos idénticos. No esperaba estos resultados, era muy difícil que ocurriera algo así. Es más no se había planteado seriamente la posibilidad de un quinto trasplante porque pensaba que era casi imposible una compatibilidad tan alta, pero con estos resultados, ¿cómo iba a decir que no?

Así que había que empezar de nuevo a mover la maquinaria. Había que reunir otra vez a los nefrólogos, inmunólogos, urólogos… Para determinar si era posible. No era suficiente con una única respuesta. Era demasiado complejo.

En la familia Rodríguez Guerrero los sentimientos tras la noticia eran contrarios. Felices porque suponía una nueva oportunidad para Luis, preocupados porque Juan Antonio tuviera que entrar en quirófano y poco crédulos porque ya habían vivido el rechazo del riñón de Antoñita y no querían volver a sufrir la misma decepción.

Juan Antonio lo tenía claro desde el momento en que decidió hacerse las pruebas, pero ahora sabiendo que era el elegido mucho más. Pero además de todas las pruebas médicas, tuvo que pasar por diversos expertos psiquiátricos para garantizar que sabía qué significaba el paso que iba a dar, que estaba de acuerdo y que tomaba la decisión de forma voluntaria. No fue fácil el proceso. Le explicaban que no tenía por qué hacerlo, que su hermano no se iba a morir si él no le donaba el riñón, que Luis no estaba tan mal en diálisis y que podía seguir allí hasta que llegara un riñón de cadáver para él.

¿A él le iban a explicar cómo estaba Luis? ¿A él que desde que tuvo uso de razón tenía un hermano enfermo? ¿A él que había vivido la trasformación que había sufrido Luis durante cinco años en diálisis? ¿A él? Pasó todas las pruebas y ya solo quedaba que los médicos confirmasen que todo estaba listo y señalasen el día de la intervención.

Antoñita y Juan estaban en un sinvivir. Sobre todo ella, que había pasado por la experiencia de la donación y había vivido en su cuerpo lo que se sentía. Temía todo lo que le quedaba por pasar a Juan Antonio. Conocía perfectamente a su hijo mayor, y sabía de las complicaciones a las que se podía enfrentar. Afortunadamente, en contraposición a todos los ingresos que había sufrido Luis, Juan Antonio solo había vivido uno por un problema leve en una rodilla. Había sido siempre una persona sana. Eso le ponía en clara desventaja a la hora de enfrentarse a una operación como esta. Pero Antoñita solo podía advertírselo a su hijo y decirle que, a pesar de todo, no estaba obligado a hacerlo, que no pasaba nada si finalmente decidía que no.

Pero Juan Antonio nunca dudó ante su familia. Sabía que ante ellos no podía flaquear en ningún momento. Sí se desahogó con sus amigos, más íntimos. Él que era tan introvertido, él que nunca hablaba de sus sentimientos y del que nadie sabía nunca cómo se encontraba. En esos días necesitó sincerarse. Lo hizo con uno de sus mejores amigos desde la infancia, Carlos. Le conocía a él, a su hermano y había compartido desde que eran niños todo lo que había vivido su familia.

—Sí, me da miedo. No se lo voy a decir a mi familia porque no quiero que tengan dudas, pero tener miedo es humano, ¿no? No digo que no vaya a hacerlo, ni se me ha pasado por la cabeza echarme atrás, pero no dejo de pensar en qué pasará después, cómo me encontraré, cómo será la recuperación, ¿y si no quedo bien? También me preocupan Mari y las niñas. Ella respeta mi decisión, pero qué sería de ellas. Aunque tengo clarísimo que tengo que hacerlo.

Carlos le escuchaba. Realmente creía que Juan Antonio no quería que nadie le dijera nada, simplemente necesitaba desahogarse, quería a alguien que le escuchara y eso era lo que él hacía. Sin juzgar, sin oponerse a su decisión, sin alabarlo siquiera, aunque era lo que le salía, pero sabía que tampoco le vendría bien.

—Cualquier persona en tu situación se encontraría así. No es un paso fácil y es lo más normal. Pero tranquilo, todo va a salir bien —le decía mientras pensaba que su decisión era un paso que no todo el mundo se atrevería a dar.

Pero no era el único que no dejaba de pensar en el paso que iban a dar. Luis tampoco lo hablaba en casa, pero las dudas no le abandonaban. Era la primera vez que realmente tenía miedo, no solo porque sabía el peligro que conllevaba para él la intervención, desde quedarse impotente hasta perder una pierna, sino porque su hermano también se exponía. Desde que rechazó el riñón de su madre no podía dejar de sentirse responsable. Y ahora la situación se repetía, pero era su hermano, con dos años más que él y toda la vida por delante, con mujer y dos hijas. Siempre había sabido que su hermano estaba ahí para lo que necesitase, siempre lo había tenido muy cerca, pero ahora se había hecho realidad, no era solo una frase hecha de esas que nunca tienes que llegar a demostrar, era una realidad palpable y la responsabilidad le tenía paralizado.

La familia Rodríguez Guerrero no se caracterizaba por hablar mucho las cosas, sobre todo lo que a sentimientos se refería, pero iban todos a una. En uno de los últimos trámites que Juan Antonio tenía que pasar antes de que los médicos decidieran el día del trasplante, cuando salió del último tribunal, Antoñita le volvió a repetir que no tenía que hacerlo si no quería. Teresa la escuchó e intervino interesándose por lo que pasaba.

—Tengo miedo de que pueda ocurrir lo mismo que sucedió con mi riñón, que cuando abran a Luis vean que no se le puede colocar el órgano y el esfuerzo de mis hijos no sirva de nada. Sé que otra persona que lo necesite puede verse beneficiada. No es egoísmo, pero es que nosotros ya lo hemos pasado bastante mal. Creo que ya hemos aportado suficiente. No quiero que eso ocurra.

Teresa la entendía, claro que la entendía. Asintió con cara de complicidad y se despidieron. El trasplante estaba fechado para el mes de diciembre, pero Teresa decidió esperar, aunque no sabía exactamente a qué. Lo único que tenía claro es que los pasos médicos estaban dados, ahora tendría que ser la familia la que demostrase que realmente estaba preparada y quería que la intervención se llevase a cabo. Y llegó diciembre, unas fechas que realmente son complicadas. Juan Antonio se puso de nuevo en contacto con Teresa, quería saber qué había pasado con la intervención de su hermano, que si faltaba algo, porque la familia estaba preparada y querían hacerla cuanto antes. Los años de experiencia habían enseñado a Teresa la importancia que tenía saber dar tiempo a los pacientes y, sobre todo, saber cuándo realmente estaban preparados, y ahora sí lo estaban.

Como una hermana más

Lola intentaba llamar la atención de su madre, mientras Mari ensimismada miraba con interés hacía una televisión apagada.

—Mamá, creo que la hermana te está pidiendo agua —le gritaba Aurora a su madre que rápidamente salía de la ensoñación en que se encontraba.

Últimamente andaba muy despistada y, sin querer, cada vez que tenía un rato muerto su cabeza volvía a lo que le había comunicado su marido a principio de semana.

—Luis no está bien. Hay que buscar una solución y me voy a hacer las pruebas de compatibilidad para ver si le puedo donar yo un riñón —dijo.

Como quien dice que se va a comprar unas gafas nuevas. No era raro en Juan Antonio. Nunca había sido muy expresivo y tampoco Mari esperaba que le explicara cómo se sentía ante la decisión tomada y ella no le iba a preguntar. Pero lo que le sorprendió desde un primer momento es que ella entendía perfectamente que lo hiciera, es más, ella misma se haría las pruebas para donárselo a su cuñado y comprendía que su marido lo intentara. Él también lo sabía.

Mari conoció a la familia Rodríguez Guerrero cuando era una cría de veinte años y se encontró con una familia normal. Su suegra y su suegro eran jóvenes y entraban y salían sin problemas, a ella le encantaba verlos porque venía de una casa muy distinta. Nunca había vivido algo así. Pronto se sintió una más. Jugaba con la pequeña Carmen, que en ese momento ni había hecho la Comunión, y bromeaba con su cuñado Luis, muy distinto de carácter a su novio, pero entre los que había una gran unión.

Juan Antonio nunca fue una persona que hablara mucho de sus sentimientos, pero poco a poco pudo conocer la historia de su vida. Cómo Luis había nacido con una grave enfermedad y cómo eso les había marcado a todos. Pero no lo contaban con pena ni frustración, simplemente era algo que había sucedido y que habían superado.

Habían pasado pocos años desde que conoció a Juan Antonio, cuando la madre de Mari falleció después de una dura enfermedad. Esto aceleró que se convirtiera en parte de la familia y Antoñita pasara a ser como una madre para ella. Lo positivo de encontrar a una nueva familia es poder disfrutar con ella, pero a su vez también implica sufrir con sus problemas. Y Mari después de todo lo sufrido se encontró con un gran cambio en la familia que la había acogido, en 2011 su cuñado pierde el riñón y vuelve a la diálisis. Fue un antes y un después, para todos, para ella también, pero más lo notaba en su marido.

Todos percibían los cambios en Luis, algunas veces hacían como que no lo notaban y otras veces desesperados terminaban comentándolo. Quizás los episodios que no pasaban por alto eran los que tenían que ver con sus hijas. Su cuñado no se encontraba bien, estaba muy envejecido y salía de diálisis cansado, enfadado, todo le molestaba, incluso las niñas, les reñía… Se notaba enseguida el cambio y, sobre todo, el mal humor. Al final la enfermedad de Luis se convertía en un problema familiar.

Por eso, a Mari no le extrañó la decisión de Juan Antonio. Llevaban 16 años juntos, casi media vida, y conocía perfectamente a su marido. A quien sí le extrañaba era a la gente de la calle.

—¿Y se va a meter en eso con dos hijas pequeñas? ¿Y tú se lo vas a consentir? ¿Y si le pasa algo? Yo no se lo permitiría. Tú no eres buena, eres una santa.

Algunos comentarios se los decían directamente a ella, otros los escuchaba al pasar o se los contaban terceras personas. Podía entender que la gente pensara así, pero no podía compartir su postura. Ella nunca le dijo nada en contra a su marido ante su decisión, ni siquiera se atrevió a decirle que si había pensado bien el paso que iba a dar. Nunca. Ni siquiera los días que lo veía raro o que notaba que no había pegado ojo en toda la noche. Porque no solo era su mujer y la madre de sus hijas, sino que también se sentía una más de la familia Rodríguez Guerrero y todos sabían que recobrar a Luis era recuperar un hijo, un hermano, un cuñado y lo que más le importaba, un tío para sus hijas.

Sabía que no sería fácil, que su marido nunca se había enfrentado a una operación así, y que para los males no era nada bueno, pero Mari nunca se quiso poner en lo peor. Su marido estaba en manos de los mejores especialistas, y que juntos saldrían también de esta.

Hubo también quien halagaba la decisión de su marido y le decían que era todo un gesto, que debía estar orgullosa de él. Tampoco lo vivió así. Sabía que era algo que Juan Antonio tenía que hacer, es algo que simplemente te toca en la vida y ya está, ¿para qué pensarlo si lo vas a hacer sí o sí? Cuando pasas tantos años en una familia con las complicaciones de esta te das cuenta de que ni siquiera un gesto supuestamente tan altruista como donar un órgano a otra persona se hace sin recibir nada a cambio. Se recupera algo que va más allá, se recobra la armonía familiar. Hasta las niñas lo sabían. Para el trasplante tuvieron que quedarse unos días con un tío de Mari porque todos estaban en el hospital divididos entre atender a Luis y Juan Antonio. La profesora de catequesis de Aurora le contó un día a la salida de clase, que la niña le había contado y también al resto de sus compañeros que su tío estaba malito y que su padre le había dado un riñón para que se pusiera bueno. Lola, sin embargo, era tan pequeña que solo repetía «papá le va a hacer un regalo al tito Luis». Y no le faltaba razón en esos días Luis iba a recibir el mejor regalo, inigualable.

El quinto trasplante

No podía ser en otro mes. Un paso tan importante tenía que ser en febrero, decía siempre Luis, como buen carnavalero que era. Y así fue. El día antes ingresaron los dos hermanos. En el hospital estaban como niños, entre bromas y risas. Eran fruto de los nervios, Antoñita en ese momento los quería matar. Parecía que no eran conscientes de la gravedad del paso que iban a dar a la mañana siguiente. Pero ella sí lo era, por eso le ponía mala de verlos jugueteando. Pero ¿qué se suponía que tenían que hacer una noche así? Hay a quien ante una situación como esta llora y otros ríen. Ellos prefirieron sonreír, como habían hecho siempre, a pesar de la dureza del momento. Como decidieron que no se quedase nadie con ellos esa noche, Antoñita a regañadientes tuvo que irse para casa. Aún no se podía creer que finalmente fueran a hacerlo. Habían sido meses de pruebas, de dudas, y estaba más que decidido, pero aún le costaba asimilar que en pocas horas sus dos hijos entrarían en quirófano. Juan, como siempre hacía en los momentos en que sentía que su mujer podía flaquear, la abrazó y le trasmitió que todo saldría bien. Seguían siendo un tándem perfecto.

Se encontraban en pleno concurso del teatro Falla, un concurso que se celebra cada año en el teatro Falla de Cádiz, donde las agrupaciones carnavalescas cantan sus letras. Para una persona amante del carnaval como Luis es el momento culmen del año y él lo pasaba ingresado. Pero no le importaba. Luis siempre encontraba en las letras de carnaval la respuesta a muchas de sus dudas, mantras de superación en los momentos difíciles, incluso cantos de esperanza… Y esa noche no iba a ser menos. Cuando su hermano dijo que iba a intentar dormirse, aunque por su respiración sabía que le estaba costando, decidió abandonarse a su musa y como ya hiciera antes del trasplante de su madre no verbalizó sus sentimientos, pero los convirtió en letras.

Febrero, solo tú eres capaz de quitarnos las penas del sentío,
el mes del papelillo y la serpentina,
el más chico en el calendario y el más grande para mí.
Ya todo acabó, todos los días amargos… ¡acabó!
Hoy volveré a marcar un camino,
empezaré a marcarlo con el que nunca ha fallado,
siempre estuvo en las mejores
y sobre todo en las peores,
en esto no me fallaría.
Es mi hermano, amigo y mi otra mitad,
aquí ya no tengo palabras para lo que vas a hacer por mí,
eres grande entre los grandes…
pero hoy vas a llegar donde nadie llegará,
juntos alcanzaremos el techo de lo máximo,
la familia nos hizo hermanos,
el Betis compañeros
y la vida inseparables.
Hoy quizás el cielo cambie de forma

y pasará toda la tempestad,
y hasta las nubes y los rayos del sol se alegrarán,
hoy el cielo no será igual…
cambiará de forma.
En todas las situaciones se aprende
y de lo más negativo se saca algo muy positivo,
he aprendido que no tengo que perder por nada
a los que habéis estado encima y animándome
en este tiempo y situación,
ell@s sabes quiénes son;
de los que no han estado y no han querido
también he aprendido mucho, quizás más…
Dirán que no estoy bien, que es pura depresión…
¡Quizás sea cierto!
Pero nadie se acostumbra a caer y levantarse tantas veces…
¡Yo, tampoco!

La vida de Luis no había sido nada fácil y aunque desde pequeño había aprendido a no vivir compadeciéndose, en los momentos cruciales era difícil no mirar hacia atrás y ser consciente de todo lo que había vivido. Ahora se encontraba en uno de esos momentos. Pero no era el único que no podría dormir bien esa noche. La doctora Teresa se había dormido con las palabras de Antoñita en la cabeza, Carlos Narváez mirando los últimos datos, seguía siendo increíble el grado de compatibilidad entre los dos hermanos, y a eso se agarraba, el doctor Soto había rehecho mentalmente una y otra vez el croquis de cómo tenía actualmente Luis el pecho, para ver por dónde era más fácil entrar, qué alternativas tenía y dónde podría colocar el nuevo órgano… La última vez había sido muy difícil y sabía que esta lo sería más aún. No quería fallar. Hasta la enfermera Charo, después de tantos años, una noche más se durmió dedicando su oración a Luis y su familia, por la mañana iría hasta Cádiz para acompañarlos, quería estar a su lado.

A primera hora de la mañana estaban todos están en el hospital. Sólo faltaba Carmen. Estudiaba en Madrid y no había podido llegar antes… Los hermanos estaban muy nerviosos, sobre todo Luis. No era frecuente en él. Tras tantos ingresos no le solía imponer tanto entrar en quirófano, pero esta vez era distinta. Él solía entrar bromeando, pero esa mañana no tenía ganas de guasas. Le costaba hasta hablar. No hubo una despedida emotiva de estas de película. Fue rápida y simple. No hacía falta hablar mucho. En el último momento Luis incluso se tapó la cara, estaba en su límite y sólo quería que se lo llevasen ya.

Cinco horas estuvieron en quirófano. Parece que no son muchas para lo complicada que era la operación, pero a los que esperaban fueran se les hizo un mundo. Mientras en el interior el equipo encargado de retirar el riñón de Juan Antonio esperaba indicaciones de la doctora Soto, como habían previsto, para no extraer el órgano hasta que él confirmase que podía colocárselo a Luis. Era el acuerdo al que habían llegado con la familia. Aunque lo más frecuente es que no retirara los órganos anteriores, en esta ocasión había que hacer espacio, sobre la marcha se decidió hacer hueco. El doctor intentaba no pensar en todo el esfuerzo que se hizo en la operación para ponerle el riñón de la madre y a pesar de todos los pronósticos lo poco que duró, se centraba en recordar la gran compatibilidad entre los hermanos, algo que ningún especialista esperaba, eso le daba ánimos mientras iba superando cuidadosamente cada artería para evitar alguna consecuencia irreversible para Luis. En el quirófano no se escuchaba un comentario, una palabra, que no tuviera que ver con la operación. La sintonía de fondo era la de las respiraciones y suspiros de los facultativos acompasados al sonido del material quirúrgico que iba abriendo paso, liberando arterias, despejando intestinos, superando la dureza y la fibrosis de intervenciones pasadas… Por fin el doctor Soto lo vio claro. Había conseguido los centímetros suficientes para colocar el órgano. Luis había pasado de nacer con dos riñones defectuosos a tener tres, cuatro, cinco, e incluso podría haber llegado, tras las donaciones, a tener siete. Pero no, saldría del quirófano con el mismo número de riñones con los que curiosamente nació su abuelo materno, con tres. Caprichoso el destino que hace que en una misma familia una persona tenga un riñón más de común cuando su nieto ha sufrido desde que nació por ese que le sobraba a su abuelo. Pero el destino y sobre todo la medicina habían querido que a partir de ahora Luis llevara tres riñones; uno de nacimiento, atrofiado, pero que le recordaba todo lo que había vivido, otro de su madre y el de su hermano. Dos donados por esas dos personas que habían dado tanto en la vida por él.

Aún esperaban noticias del quirófano cuando vieron aparecer a Carmen al final del pasillo. El rostro de Antoñita por fin se relajó. Su pequeña ya estaba allí. Se fundieron en un largo abrazo, de esos que te recomponen el alma. A todos los presentes se les congeló la respiración. Carmen se había convertido en el paño de lágrimas de su madre y viceversa, había tanta complicidad entre ellas que fue verla llegar y derrumbarse. Parecía que sabían que ya estaban todos, porque el doctor Soto apareció desabrochándose la mascarilla.

—Es la última vez que le opero, ya no abro más a Luis. El riñón está colocado, pero ha sido una operación muy complicada. Es la última vez.

El riñón estaba instalado. Eso era lo que les importaba en ese momento, no tenían fuerzas en pensar en más adelante, ahora solo querían ver aparecer a los chicos. Primero salió Juan Antonio, y la alegría de que todo había salido bien se esfumó por un momento. No quería hablar con nadie, quería estar solo, le dolía todo el cuerpo. Ana Mari le dejó espacio a su suegra, ella sabía lo que era pasar por ese momento y que era muy doloroso, así que podría acompañar mejor a su hijo.

Luis iría directamente a aislamiento, pero permitieron que Carmen entrara un segundo a ver a su hermano ya que no pudo despedirse de él el día anterior. Lo encontró como siempre. Sonriendo y con el gesto del pulgar hacia arriba que siempre utilizaba para tranquilizar al resto y decir que todo estaba bien. Eso fue lo primero que vio Carmen y fue ver su dedo y que se le saltaran las lágrimas.

—¿Cómo está Juan Antonio? ¿Y mamá? ¿Y todos? ¿Tú bien?

Estaba pletórico y no paraba de hablar. Aunque le había preguntado mil veces a los sanitarios por su hermano y le habían confirmado que estaba bien, no podía dejar de preguntárselo a todo el que veía. Necesitaba saber que todo había pasado.

Si físicamente Luis y Juan Antonio eran como la noche y el día, en esto también. Juan Antonio se encontraba fatal. No quería que nadie le visitase, todo el mundo tenía que estar callado en su habitación, se quejaba contantemente de que le dolía y pedía todo el tiempo analgésicos para evitar el dolor. Además preguntaba constantemente cuánto iba a durar ese dolor y lo que temían los especialistas estaba ocurriendo. Es frecuente que tras una donación el donante presente síntomas de ansiedad e incluso de depresión. A él le estaba sucediendo. Los donantes son personas sanas que han decidido someterse a este procedimiento para mejorar la salud de un ser querido y de repente se sienten muy mal y no saben cuándo se encontrarán de nuevo bien y si la operación va a su poner un cambio en sus vidas. Esto es un peso que no es fácil de llevar para muchos. Además el donante necesita de más atención, presenta más dolor, ansiedad y depresión.

Mientras la persona que ha recibido el órgano ha conseguido algo muy ansiado y eso le da fuerzas. Además su preocupación se limita a que el órgano funcione bien y pasa a segundo plano los dolores derivados del trasplante que además son menores.

Estos patrones se dieron en los hermanos como sacados de un libro, pero añadiendo que Luis estaba acostumbrado a estar constantemente entrando y saliendo de hospitales y quirófanos y Juan Antonio era primerizo en todas estas cuestiones. Lo que hacía aún más grande la brecha entre ellos. Así, la familia se volcó lo que pudo en Juan Antonio, mientras que Luis seguía en aislamiento.

Era febrero y tenía un riñón nuevo, Luis aprovechó el ingreso para disfrutar del concurso de agrupaciones carnavalescas del Falla. No podía pensar en mejor plan estando en el hospital. Tanto es así que cuando salió del despertar, después de preguntar por su hermano y su familia, su siguiente pregunta fue como había sido la actuación de uno de los autores más importantes del Carnaval de Cádiz, Manuel Sánchez Alba, Noly. Y así hizo más llevaderos los cuatro días de aislamiento, entre coplas. Tan animado estaba que utilizó las redes sociales para mandar un mensaje a la televisión local de Cádiz encargada de la retrasmisión del concurso.

—Esperando la actuación de la chirigota del Selu, recién trasplantado y desde aislamiento.

Ese simple mensaje hizo que la presentadora le mandase un saludo y muchos ánimos en directo. Sabía que el trasplante sólo era el principio, que quedaba mucho por andar, no podía olvidar lo que había pasado con el riñón de su madre y tenía que ser prudente, pero Luis nunca había sido una persona negativa y tampoco lo iba a ser en esta ocasión. La vida le había dado una nueva oportunidad, nadie hubiese dicho que después de tanto tiempo en la lista de espera iba a encontrar un riñón con tanta compatibilidad. Lo entendió como una señal e iba a aprovecharla. Nacía un nuevo Luis.

El nuevo Luis

—Pero ¿entonces tú tienes siete riñones? ¿Y tu hermano no se ha muerto al darte un riñón? —le preguntaba un chico de un instituto a Luis después de dar una charla de sensibilización con la Federación Nacional de Asociaciones de Lucha Contra las Enfermedades del Riñón, ALCER. Se notaba en las preguntas que recibía el desconocimiento que había sobre la enfermedad, incluso en las nuevas generaciones.

Nadie que conociera a Luis le hubiera imaginado nunca dando charlas ante un auditorio de más de 40 jóvenes hablándoles además de una experiencia personal. Luis no había sido *boy scout* ni voluntario en ningún tipo de servicio social, nunca se había interesado con ayudar al otro, pero ahora estaba entre sus prioridades. Había cambiado radicalmente su forma de ver la vida y quería aportar todo lo que estuviese en su mano ayudando en lo que pudiera porque ahora veía que sensibilizar sobre la enfermedad renal, que la gente la conociera podía servir para que se investigase y se avanzase más y a la vez para que los enfermos y sus familias no se sintieran solos en el proceso que implicaba tener un problema crónico en los riñones.

Luis ya había colaborado sin darse cuenta en parte del proceso desde pequeño. Cuando los sanitarios lo usaban como ejemplo en el hospital en Sevilla, cuando ya de adulto ponían junto a su sitio de diálisis al paciente menos receptivo para que él se lo ganara, consiguiera que se abriera y cambiara su actitud ante el tratamiento. Incluso consiguió que su compañero Manuel que tan reacio era, que tanto costaba a los médicos, dejara de taparse la cara durante la diálisis y aceptase el riñón de su padre, algo impensable cuando Luis lo conoció. Se trasplantaron los dos de vivo con una semana de diferencia. Siempre lo había hecho y se le daba bien, pero nunca había sido por voluntad propia, siempre habían sido otros los que le habían usado como dinamizador, él nunca se había dado cuenta de su potencial, pero ahora era él el que cogía las riendas.

Hablar de su enfermedad, de lo vivido, de lo conseguido y, sobre todo, del riñón que había recibido de su hermano le hacía sentir bien. Es más, le servía de terapia y fomentaba su positivismo. Además la salud le acompañaba. Desde que su riñón funcionaba y no tenía que acudir a diálisis se sentía con más fuerzas, menos cansancio y más ganas de todo, esto le hacía sonreír más y discutir menos, que era la mejor medicina que había encontrado ante la enfermedad. Se recorría Chiclana, como antes de volver a diálisis, con el brazo arriba diciendo hola y adiós a todo con el que se cruzaba. Había vuelto a sonreír y notaba que su familia también.

Su hermano se había recuperado rápidamente, ya hasta volvía a jugar al fútbol aunque le costó algunas semanas salir de la depresión en que cayó al verse enfermo. Esto era parte del proceso y eran conscientes de que era cuestión de tiempo que se diera cuenta de que todo había pasado y que lo vivido compensaba, porque, gracias a él, su familia y, sobre todo su hermano, había recobrado la felicidad.

Y Luis parecía otro. Le había cambiado la cara y se cuidaba como nunca, no necesitaba que nadie estuviera detrás sabía lo que le convenía y lo hacía. No fumaba, no bebía, hacía deporte… Tenía todo muy controlado. Sabía que su riñón era para él su bien más preciado y como tal lo cuidaba. Algunos se preguntaban por qué en esta ocasión, a qué se debían estos cambios. Luis lo tenía claro. Las palabras del doctor Soto aún resonaban en su cabeza: «Es la última vez que le abro». Quizás fueran fruto del agotamiento y la dificultad que había implicado la intervención, aunque no le faltaba razón. Y Luis lo sabía. Era consciente de que si ya era difícil encontrar un órgano antes de esta última intervención por ser un paciente hiperinmunizado que el que encontrar fuera tan compatible como el de su hermano era casi imposible y de encontrarlo por qué no iba a ser rechazado si el d su hermano lo había sido. Y a esto se sumaba que los especialistas determinaran que se le podía colocar a pesar de los riesgos. ¿Y él se atrevería a sumirlos de nuevo? ¿Y querría que su familia pasar otra vez por ese trance? Por muy duro que fuese, y sin querer ni pensarlo porque no se consideraba preparado para ello, sabía que si este riñón no era el definitivo, o por lo menos funcionaba durante años, estaría condenado a volver a diálisis por mucho tiempo, y quería evitarlo de todas las formas posible. Por eso estaba dispuesto a hacer todo lo que estuviera en su mano.

Buenas tardes.
Dar las gracias a esta gran hermandad por darme esta oportunidad y así sentirme especial por un día.

Mucho ánimo y fuerzas a los trasplantados, donantes, familiares y a los que viven en esa lista interminable para ser llamados. También va por todos ellos.

De la Semana Santa me gusta el olor, sus imágenes, su música, cómo suelen llevar los pasos, el ambiente festivo y, sobre todo, el respeto a aquellos que se apasionan o desviven por su hermandad, ya sea por tradición o devoción a una religión.

Muchas gracias y que esta vela siempre ilumine el camino del más necesitado en esta situación.

Con estas palabras, Luis ofrecía una vela el Viernes Santo a la Virgen de la Soledad de su ciudad. Y no una vela cualquiera. El hermano mayor de la hermandad, Antonio Benítez Zajara, se puso en contacto con él porque conocía su historia y creía que era un ejemplo vivo que podía servir para sensibilizar a la gente de la importancia de donar. Era lo que se perseguían con este acto que recibía el nombre de Lágrimas de Vida. Un proyecto que había surgido de una periodista de la televisión autonómica andaluza, Canal Sur, Susana Herrera, que tuvo que vivir la dura experiencia de perder un hijo, José Andrés, con tan solo siete meses, y decidió donar sus órganos salvando de ese modo la vida de otros bebés. Esta madre escribió un libro donde contaba todo lo que vivió. El libro se titulaba *Lágrimas de vida*[3] y ahora daba nombre a esta iniciativa, en la que ya participaban numerosas hermandades, y que consistía en que una persona que representaba la importancia de la donación

---

[3] Herrera, Susana. 2006. Lágrimas de vida. Sevilla. Editorial Sígueme.

hiciera una ofrenda de una vela, que iría en la candelería del paso y que serviría para concienciar a la población sobre la necesidad de la donación de órganos.

Luis no era practicante ni tampoco participaba en el mundo de las hermandades, pero no dudó ni un segundo cuando el hermano mayor le hizo la propuesta. No le paralizó lo vergonzoso que era para este tipo de cosas ni tener que ponerse delante de decenas de personas, el objetivo era bueno y tenía que hacerlo. Plasmó sus sentimientos en un papel y hasta le tembló la voz al leer lo que había preparado, pero merecía la pena si eso servía para que alguien se pararse un segundo a pensar en la importancia de la donación.

Era su forma de devolver a la sociedad parte de lo que había recibido en su vida. Era una forma de reconocer el apoyo que había tenido de esos ángeles que se había encontrado en el camino. El cariño de esas médicas que le atendían en Sevilla y que cada día repasaban una y mil veces su expediente para encontrar una solución, el de las enfermeras y auxiliares que le regalaron sonrisas y afectos, el apoyo de Charo que tanto ayudó a su madre y que la hizo más fuerte para agarrarle la mano cada año que pasaba, las que confiaron en ella para que pudiera aprender a hacerle la diálisis a su hijo en casa y no tener que vivir en una carretera, los profesionales que celebraron que llegara a su primera Comunión cuando nadie hubiera apostado por ello, los amigos que le acompañaron en la infancia, adolescencia y juventud, los profesores que le hicieron sentir uno más en el aula, los sanitarios que le acogieron en Cádiz e hicieron suya cada una de sus preocupaciones y dolencias, los que le acompañaron en las largas horas de diálisis y consiguieron que entendiera la importancia de su tratamiento, sus compañeros en la máquina de esos años, que le abrieron el corazón y a su vez estuvieron ahí en sus momentos de dudas, los besos y conversaciones interminables de su novia y las ganas de vivir que experimentó mientras estuvo enamorado, las personas que estuvieron detrás de sus trasplantes de cadáver, enfermos y familiares que decidieron donar sus órganos para darle vida, los médicos que analizaron su historial e hicieron posible que fuera trasplantado a pesar de los riesgos y las dificultades que presentaba y no se rindieron, los que le vieron que se hundía y no le dejaron caer. Y, sobre todo, su familia. Sus abuelas que ayudaron a sus padres desde pequeño, sus tíos que siempre estuvieron ahí, sus primos y sus primas, su cuñada, sus sobrinas y, cómo no, Antoñita, Juan, Juan Antonio y Carmen que cada día le agarran de la mano y le dan un motivo para seguir, incluso cuando a él le flaquean las fuerzas. Cada esfuerzo que hace es por ellos.

Un tiempo de vida regalado

Y puede parecer que este libro termina con un final feliz, que después de las interminables batallas vividas por Luis por fin se merecía descansar, que tras el trasplante del riñón de su madre y la donación del órgano de su hermano llegaba la hora, ahora sí, de que volvieran a la «calma chicha». Esa supuesta quietud, que es lo máximo a lo que puede aspirar una familia cuando uno de sus miembros está trasplantado, parecía que ya tocaba, que era de justicia, pero ¿qué sabrá la salud de justicia? En las enfermedades crónicas nada es lo que parece y todo es una duda que nunca se resuelve, donde la única verdad es ese eufemismo que dice que el tiempo desde que se recibe el órgano es un tiempo de vida regalado.

Han pasado seis años desde que vio la luz *Oficio de héroe* y han sucedido muchas cosas desde entonces, incluso una pandemia global. Me quedo con las buenas: con los actos de presentación de la obra, las ferias del libro, firmando ejemplares, entrevistas en prensa, radio y televisión… Pero, sobre todo, me quedo con el contacto con los lectores: «A mi madre también le pasó eso», «recuerdo que mi hermana se ponía así», «mi hijo quiere dejar la diálisis, ¿podría Luis hablar con él?», «este es el primer libro que me leo entero, es que me ha enganchado». Todos los comentarios, los bonitos, los duros, los de apoyo, los de agradecimiento, son frases que marcan y que nunca se olvidan.

Dos años después de que el libro estuviera en la calle nos tuvimos que encerrar. Sí, fueron nuestros gobernantes, apoyados en los datos médicos, los que lo decidieron. La salud se colocó en el centro de nuestras vidas, algo que hasta entonces no había sucedido, algo que muchos no habíamos vivido nunca. Y todos nos vimos, de una forma u otra, tocados por la enfermedad, limitados por ella, viviendo situaciones duras, dolorosas, en distintas medidas, pero todos unidos por una enfermedad, una que afectaba sobre todo a los más vulnerables, y entre ellos los trasplantados, cuyo tratamiento médico dejaba su sistema inmune más frágil aún ante las enfermedades. La incidencia del COVID en estos enfermos duplicaba a la población general: 11,9 por mil trasplantados y 5,5 por mil en población general no trasplantada.

Al principio solo se sabía que era un grupo de riesgo, que había que tener mucha precaución y que muchos de los que se contagiaban en esos primeros meses no conseguían superar el virus. Según cifras de estudios posteriores, la infección por COVID en los enfermos trasplantados aumentó la letalidad del trasplante un 27 %.

¿Y qué se podía hacer por ese grupo de mayor riesgo? ¿Qué podíamos conseguir desde *Oficio de héroe?* La idea surgió del propio Luis: «Vamos a buscar algo que les proteja». Y así fue. Luis se puso en contacto con mujeres de su pueblo que estaban cosiendo mascarillas protectoras cuando aún no las vendían ni en las farmacias (gracias, Carola, por orquestar a tantas manos solidarias con agujas). Luego localizó a Antonio, un joven de la empresa CATEC, que tenía pantallas protectoras, cuando poseerlas era todo un privilegio, incluso para los sanitarios, que podía suponer la diferencia entre la vida y la muerte.

Y lo consiguió… Llevó un lote de material de protección al centro de diálisis de Chiclana, el mismo centro donde Luis había recibido su tratamiento. Quizás la aportación no era muy grande, pero los grandes desiertos están compuestos por multitud de pequeños granitos.

El tiempo pasó. El virus seguía campando a sus anchas y dejando a su paso incontables víctimas. Mientras, el 24 de diciembre Luis celebraba por la tarde la Nochebuena con sus amigos, cuando recibió una llamada alarmada de su hermana. Era lo que se temía, el virus había entrado en la familia. Fue rápido a buscar un test. En ese momento solo puedes afrontar lo que una línea rosa te diga, un positivo puede cambiar el rumbo de tu futuro… y la respuesta no fue buena.

Eran fechas difíciles, pero Luis se aisló de su familia. Ya sabemos por este libro que tanto él como los suyos están hechos de otra pasta. Para ellos no era nuevo pasar las fiestas separados, ni estar rodeados de medicamentos impotentes ante el sufrimiento de uno de ellos. No era nuevo para ellos.

Afortunadamente Luis no tenía ningún síntoma aparente, pero hasta la noche de Reyes estuvo aislado. Su familia y sus amigos le dejaban en la puerta las cosas imprescindibles. En ese momento no estaba estipulado que las personas trasplantadas recibieran un tratamiento específico. Aún no se tenía certeza de que una medicación concreta pudiera frenar los síntomas en inmunodeprimidos, ni se era consciente de la gravedad del COVID en los trasplantados.

Nunca sabremos si fue ese maldito virus o no, pero Luis sufrió un pequeño ictus en su casa y, por segundos, la sangre no llegó a su cerebro. Sí, hay pruebas de que los pacientes con trasplante renal presentan una mayor mortalidad de origen cardiovascular que la población general; y sí, también sabemos que cuando llegó en ambulancia al hospital, tras este pequeño derrame cerebral, a Luis le hicieron el test para saber si tenía COVID y lo tenía. Pasó diez días hospitalizado en una planta habilitada para pacientes en su misma situación. Su tratamiento fue más para la arteria obstruida que posiblemente hubiera ocasionado el ictus que contra el virus. Del ictus no quedaron secuelas, pero ese momento fue el principio del fin del buen funcionamiento de su riñón.

Claro, que no fue de un día para otro. Primero transcurrió un periodo de tiempo en el que las cosas empezaron a ir mal: las analíticas empeoraban, las infecciones de orina se sucedían... Y luego llegó ese momento tan temido, pero a la vez tan previsible. Son palabras que no quieres escuchar, pero que tienes la dura certeza de que llegarán: «Con este cuadro, ya no se puede esperar más, hay que pensar en la diálisis». Y así fue. Se puede achacar al COVID, al ictus o a toda una vida, da igual. Ni los culpables ni los motivos ni las razones evitaban una realidad que había que afrontar.

Quizás estos años, desde que se publicó el libro hasta que el riñón dejó de filtrar y limpiar la sangre, fueron preparando a Luis para lo que vendría. Tantas personas que le preguntaban qué pasaría si el riñón que le había donado su hermano fallaba, tantas veces contestando que era consciente de que después de esto no había otra salida que la diálisis… Quizás todo aquello fue una terapia para afrontar que el momento había llegado. Nadie dice que sea fácil, ni que no haya días malos y menos malos en el tratamiento de diálisis (porque no voy a usar las palabras *buenos* ni *mejores)*, pero sí es verdad que, aunque la enfermedad no se puede escoger, la forma de afrontarla sí, y Luis y su familia siempre han sido especiales en eso. Luis decidió no pensar que durante toda su vida iba a necesitar el tratamiento de diálisis, quiso negarse que no había otra salida, lo afrontó como las veces anteriores, como si realmente estuviera esperando un nuevo riñón, como si no se le hubieran acabado las posibilidades.

Ahora esa espera la invierte hablando con el resto de los pacientes, contándoles su experiencia por si les puede ayudar, intentando quitarles el miedo que invade a todos los que empiezan con el tratamiento. Dice que para él es su jornada laboral, y puede que lo sea. Llega, saluda, habla con los enfermeros y charla con otros enfermos, pero no sobre la enfermedad, sino sobre sitios donde ir, restaurantes que conocer, series que ver… Como si fueran compañeros del trabajo. Quizás sí es cierto que sea su trabajo, su profesión, que su labor en esta vida sea dar ejemplo; y no hablo de que su vida haya sido perfecta, pero sí que puede servir a los que llegan de nuevas a la enfermedad, a aquellos que «debutan» y todo se les viene abajo, a los que no quieren aceptar su situación o no saben cómo afrontarla. Quizás su misión no era el deporte, el gimnasio o el fútbol, que tanto echa de menos; ni la cocina, que sigue practicando con los suyos. Quizás ese motivo que todos buscamos en la vida, esa razón de existir, era simplemente esta, sin que él lo supiera. Es posible que incluso este libro sea parte de su razón de ser, un ejemplo más de ese orgullo con el que habla Luis de su enfermedad, de esa forma de recordar momentos duros incluso con un tono de humor.

Ese Luis, la persona que ahora habla cuando le hacen una entrevista o en las charlas en los colegios, con alumnado que previamente ha leído *Oficio de héroe,* no es el mismo que me recibió en pijama en su habitación del hospital; es completamente distinto al que titubeaba al contar su historia, no por vergüenza, sino por no saber verbalizar lo que había vivido o lo que había sentido, incluso por falta de datos. Creo que lo más importante de este libro para Luis ha sido eso, aunque quizás él ni sea consciente, pero ha escuchado su historia en boca de otros que la han vivido, sufrido, compartido, y a la vez se ha visto descrito por otros con orgullo y también con admiración, se ha sentido querido y a la vez útil al poder divulgar su experiencia sensibilizando a los que no sabían qué implica la enfermedad renal, cómo afecta una dolencia crónica a una persona y a su entorno.

Tras toda esta experiencia, Luis solo quiere vivir. Esa siempre ha sido su fórmula para enfrentar la insuficiencia renal: vivir, no sobrevivir. Y la sigue llevando a cabo. A pesar de sus limitaciones, a pesar de vivir «atado» a una máquina, incluso con el deterioro físico y mental que supone la diálisis, se siente agradecido por haber podido tener la vida que ha tenido… y tiene, rodeado de aquellos que lo han acompañado y le han permitido tenerla, estando siempre a su lado.

Cuando le dije a Luis que íbamos a añadir este nuevo capítulo, me preguntó que si por ello cambiaríamos el nombre del libro. Dudé un instante y pensé: «¿Cómo me pregunta eso, si no puede haber otro mejor?». Y entonces recordé el día que nos dejó el autor del Carnaval de Cádiz Juan Carlos Aragón Becerra, el 17 de mayo de 2019, porque fue una de sus letras la que nos inspiró este título. Una de las cuartetas del popurrí de una de sus agrupaciones (Los Inmortales, 2004), que decía así: «Para ser inmortal no hace falta ser un hombre histórico, que llevar una vida *palante* es oficio de héroe». Y eso ha hecho siempre Luis, y también su familia, sus amigos, sus médicos, sus compañeros de diálisis, incluso el propio Juan Carlos Aragón, que nos dejó demasiado pronto. Todos son héroes en la difícil labor de no solo sobrevivir, sino vivir.

¿Y qué nos queda a todos aquellos que hemos sido «tocados» por la enfermedad crónica sin padecerla? Acompañar al enfermo, pero también sensibilizar a la sociedad en todos los sentidos. Sensibilizar como medio para que los enfermos se sientan más respaldados, para conseguir que disminuya el número de víctimas y para que se destinen más recursos a una investigación necesaria para que la calidad de vida de los enfermos sea la más óptima. Es necesario concienciar a las instituciones y organizaciones, a los sanitarios, a las familias de los enfermos, a los jóvenes, a la sociedad en general y, cómo no, a los propios enfermos. Y se puede sensibilizar en distintos sentidos, pero considero que el principal es la prevención. Evidentemente hay personas que tienen problemas médicos, en este caso renales, de nacimiento o heredados, pero también actualmente el tipo de vida que tenemos, la mala alimentación, el sedentarismo, la obesidad, etc., incrementan la posibilidad de enfermedades crónicas que se podrían evitar. Por eso es tan importante la educación; es vital que se conozcan las enfermedades y las consecuencias que pueden tener nuestros actos (algo tan cotidiano como comer un producto procesado frente a uno natural o decidir bajar en el ascensor o por la escalera) y que, por encima de la sociedad de lo superfluo, del físico, en la que se ha estandarizado que el que lleva una dieta saludable es solo por imagen, se entienda que estas decisiones van más allá de lo que se ve en el espejo, que pueden estar condenándote de por vida, a ti y a los que más quieres.

Por todo esto, es muy gratificante comprobar seis años después lo que *Oficio de héroe* ha aportado en este sentido, en cada entrevista que hemos hecho, en cada persona que ha leído el testimonio de Luis, en cada sanitario que se ha visto reflejado en los testimonios recogidos, en cada centro educativo que ha escogido este libro como lectura para su alumnado, en cada chaval que se ha acercado —en este caso a través de las páginas de un libro— a la enfermedad crónica y se ha dado cuenta de lo importante que es la salud, pero también la familia y la amistad. Porque los libros no son solo elementos de disfrute y evasión, sino también de conocimiento, aprendizaje y transformación social.

Nunca olvidaré el día que Luis me pidió que escribiera su historia. Siempre recordaré los miedos y las dudas que me surgieron, pero eternamente diré lo mismo: este libro es mi aportación a una sociedad con la que estoy en deuda. Papá recibió un riñón gracias a una familia que donó el órgano de su familiar en uno de los momentos más tristes que se pueden vivir, y esa decisión transformó mi casa. Lo mínimo que puedo hacer es estar agradecida, lo mínimo que he podido hacer es escribir este libro y seguir fomentando que se lea, que no caiga en el olvido, porque si *Oficio de héroe* sirve para sensibilizar ante la enfermedad crónica y ante la necesidad de la investigación médica y la donación de órganos, la meta está más que cumplida. Gracias a todos los que lo habéis hecho posible.

In memoriam Juan Carlos Aragón Becerra (Cádiz, 1967-2019). Comparsa Los Inmortales (2004)

https://www.falladecarnaval.com/2019/08/letra-popurri-comparsa-los-inmortales.html

Muestra de la repercusión en medios de la publicación de *Oficio de héroe:*

https://www.diariodecadiz.es/ocio/Oficio-heroe-hospital-compatible-esperanza_0_1241875890.html

https://www.lavozdigital.es/cultura/libros/lvdi-mayor-cicatriz-creo-cuando-perdi-rinon-madre-201805031421_noticia.html

https://www.elmundo.es/ciencia-y-salud/salud/2018/06/06/5b16cb1a268e3e4e6c8b45d4.html

https://www.lavozdelsur.es/ediciones/provincia-cadiz/luis-el-heroe-cinco-trasplantes-rinon-71675-2_71675_102.html

https://www.diariodesevilla.es/entrevistas/Donar-mayor-regalo-puede-hacer_0_1252074857.html

— https://www.lavozdigital.es/cadiz/chiclana/lvdi-oficio-heroe-vuelca-protagonistas-sanitarios-202005081942_noticia.html

Epílogo

España es un país generoso, al menos en cuanto a donaciones de órganos se refiere. Así lo demuestran los datos que año tras año se dan a conocer en esta materia. España alcanzó el pasado año los mejores datos de su historia en donación y trasplantes de órganos: 46,9 donantes por millón de personas y 5.259 trasplantes y se mantiene como líder mundial, según el balance anual de la Organización Nacional de Trasplantes. En 2017 se realizaron 3.269 trasplantes renales (+9 %), 1.247 hepáticos (8 %), 304 cardíacos (8 %), 363 pulmonares (18 %), 70 de páncreas (-4 %) y ocho intestinales (+100 %). Un año más España ha vuelto a superar su propio récord en donación y trasplantes de órganos y se mantiene como líder mundial durante 26 años consecutivos.

En concreto, Andalucía ha superado durante el año 2017 los 900 trasplantes gracias a 413 donaciones registradas, lo que ha permitido a la comunidad autónoma batir su propio récord de donaciones y trasplantes por cuarto año consecutivo. Gracias a las donaciones registradas, los hospitales andaluces han podido realizar 919 trasplantes de órganos, 105 más que el año pasado, lo que supone un aumento del 13 %. Concretamente, se han llevado a cabo 603 de riñón, 47 de donantes vivos, y, de ellos, dos de donantes cruzados, es decir una familia que dona a otro y el familiar de este al suyo; 223 de hígado, dos de donante vivo; 35 de corazón, 43 de pulmón y 15 de páncreas. Del total de los trasplantes, 27 han sido pediátricos, 15 renales y siete de hígado, cuatro corazón y uno de pulmón. Igual cifra que el pasado año.

Pero no se pueden olvidar otras cifras. Durante el mismo periodo, de los 905 pacientes que se contabilizaban en lista de espera para recibir un trasplante en 2010, se ha pasado a los 628 pacientes en esta situación a enero de 2018. Aún mueren pacientes en lista de espera. Por eso hay que resaltar la importancia del sí de las familias a las donaciones, y señalar otro factor que aunque menos importante también hay que tener en cuenta y es el ahorro que suponen los trasplantes, teniendo en cuenta que un paciente renal en diálisis cuesta al erario público 50.000 euros al año.

Desde que el 12 de abril de 1978 se hiciera el primer trasplante en Andalucía, se han realizado 16.678, de los que 10.694 han sido renales, 4.024 hepáticos, 1.113 de corazón, 554 de pulmón y 393 trasplantes de páncreas.

Por eso es importante seguir luchando, porque se están viendo los resultados positivos. Por eso son necesarios libros como este. Por eso hay que sensibilizar a la gente y sobre todo normalizar las donaciones y dar a conocer el proceso por el que pasan los enfermos que necesitan un órgano y cómo cambian sus vidas y las de sus familiares después de estos actos altruistas. La negativa de los trasplantes la mayor parte de las veces es por desconocimiento, por eso es tan importante la función de sensibilización e informar a los enfermos, a sus familiares y a la sociedad en general.

Hoy en día la mejor forma de afrontar la enfermedad crónica renal y que los enfermos y sus familias tengan mejor calidad de vida es el trasplante, y para ello es imprescindible un órgano y para este la solidaridad de la gente. Pero en el camino hay mucho que mejorar y también mucho que soñar. Hace años la técnica, como hemos visto, era muy rudimentaria incluso había enfermos desahuciados por falta de una máquina de diálisis. Pues ahora también los enfermos y los profesionales, sobre todo, piensan en mejoras que aún no han llegado, pero que algunas están en estudio y otras son una esperanza a la que se aspira.

Entre ellas, una que ya es una realidad y que ha aumentado el número de trasplantes, es la modalidad de trasplante en asistolia o a corazón parado. Se trata de una técnica en la que los donantes son aquellos diagnosticados de muerte por el cese irreversible del latido cardiaco. La donación en asistolia en España arranca desde mediados de los años 80, con experiencias aisladas en distintos hospitales de Madrid, Barcelona y A Coruña. Sin embargo, fue a mediados de la pasada década cuando se decidió potenciar esta modalidad de donación en toda España, mediante un programa en el que los médicos de urgencias y emergencias desempeñaban un papel fundamental. Se trata de un programa de gran complejidad que requiere la colaboración de distintos servicios médicos, dentro y fuera del hospital, los coordinadores hospitalarios de trasplantes, jueces y forenses. Diseñado en principio para ciudades de más de 500.000 habitantes, dotados de potentes servicios de atención médica urgente, paulatinamente ha ido extendiéndose a ciudades de tipo medio, como Granada, Santander, Alicante, Valencia o Toledo. Desde 2008 la donación en asistolia forma parte del Plan Estratégico de la Organización Nacional de Trasplantes para aumentar los trasplantes. Otro aspecto a destacar de la donación en asistolia es su contribución al importante descenso de la lista de espera para trasplante renal. Es por esto que la donación en asistolia, en creciente expansión en diversos países de nuestro entorno y en España, se vislumbra como una estrategia imprescindible a la hora de asegurar la disponibilidad de órganos para trasplante.

Pero los profesionales y los propios enfermos no se conforman y siguen soñando.

Sebastián Ponce, Chano, enfermero especializado en diálisis en Chiclana de la Frontera, Cádiz:

—Para mí el sueño sería, aunque me perjudique profesionalmente, que no tuvieran que venir los enfermos tantas veces a la semana, porque cuatro o cinco horas tres veces a la semana aquí los deprime. Deberíamos conseguir que fuese un par de horas a la semana, porque en una situación así el tiempo lo es todo para ellos. Estar aquí baja la moral, si están trabajando muchos tienen que dejarlo. Es entregar su vida, afecta a sus *hobbies,* porque todo lo que hacen depende de la diálisis.

Keko Iglesias Santabárbara, enfermo crónico renal:

—Yo creo que es una enfermedad que lleva tantos años… Y que todavía se tenga que pinchar al enfermo… Que se hayan inventado tantas cosas, por ejemplo para el cáncer, mejoras en la insulina, que se haya controlado el SIDA, y que en diálisis se tenga que seguir pinchando, pinchen y tengas que estar cinco horas en una máquina. Hay que buscar alguna alternativa al pinchazo y reducir el tiempo de diálisis. He leído que se está trabajando en riñones biónicos, o utilizar riñones de animales… Pero de aquí a que se demuestre su efectividad y lleguen a la Seguridad Social queda mucho. Puede tener que ver con el desconocimiento de la sociedad a la hora de demandar que se investigue más, y por eso se invierte menos. No quiero pensar que interese seguir teniendo ciertas enfermedades porque son medicaciones que generan mucho dinero a las farmacéuticas. Los pacientes crónicos dan mucho dinero. Quizás si desapareciera la diálisis desaparecerían algunos laboratorios… Si el SIDA casi lo erradicaron o el cáncer de mamá se cura, ¿por qué no se investiga esto más?

Carlos Narváez, nefrólogo:

—Cuando transcurran diez años, lo que hacemos ahora es probable que quede obsoleto. Nuevos cambios, técnicas, filtros, mejor control del paciente… Lo estamos viendo día a día. Ahora tenemos que ver hacia dónde debemos tender. Las causas de la enfermedad renal son tan diversas y va a depender siempre del motivo que provoca esta enfermedad. Por ejemplo el ser hipertenso puede motivar daños en el riñón, la causa número uno de entrar en diálisis es la diabetes… Por todo esto, el pilar fundamental es la prevención en nuestros pacientes. Cuando la abordamos ya es tarde, que ahora controlen el azúcar, dieta sin sal, es complicadísimo. Ya estamos en un punto que en eso no se para nadie. Es una diferencia enorme en países en desarrollo. Por ejemplo en Colombia, se apoya más la prevención, la mejora del estilo de vida. Aquí a una persona diabética el control se hace dando una pastilla, en seis meses dos pastillas, en dos años se le pasa a insulina, en cuatro años con el corazón y el riñón sufriendo, ya es tarde, nadie se para a cambiarle el tipo de vida. Parece que ya no hay tiempo para dedicarlo a la prevención. Un médico tiene un paciente cada tres minutos, el sistema hace difícil que puedas intervenir más con tus pacientes. El tiempo es un factor determinante para hacer buena medicina. Hay falta de tiempo, para pararte a preguntar a ver qué comes, cuéntame… Y a esto hay que unirle el compromiso del paciente. Si se involucra y hace una buena dieta y las actividades físicas, la medicación es secundaria. Pero parece que las pastillas es la única manera de solucionar y no es verdad. El estilo de vida, dieta y tratamiento, si cumples los tres tiene el cien por cien, si solo cumples el tratamiento y estilo de vida 66 %, pero si es solo el tratamiento es un 33 %, no es suficiente. Lo que vemos habitualmente, muchos fármacos, polifarmacia… Pero mal estilo de vida, deficientes cuidados. Así no vamos por buen camino. Al final cuánto gasta un país como España en curar enfermedades que se pueden evitar con prevención. Habría que pararse a meditarlo.

Agradecimientos

Este libro no habría sido posible sin muchas personas que han intervenido en su creación. Empezando por José María Santabárbara que pensó en mi nombre ante tan complicada labor; Keko Iglesias que reconoció una historia con interés e hizo que me enamorara de ella; las doctoras Ana Sánchez y Julia Fijo de la unidad de nefrología pediátrica del hospital Virgen del Rocío de Sevilla (discípulas del doctor Antonio Moreno) que no solo aceptaron formar parte de este proyecto sino que hicieron un hueco en sus complicadas agendas y no miraron el reloj ni un instante durante la mañana que estuvimos juntas, además de trasladarse en el tiempo y recuperar cada detalle del expediente de Luis treinta años después. De la doctora Sánchez sale la frase «Luis no solo logró vivir, sino vivir feliz», que resume a la perfección lo que hace distintos a Luis y a su familia.

Gracias a la prodigiosa memoria de la enfermera de diálisis Rosario González, Charo, que me recibió a hora intempestivas, en su propia casa, estando ya jubilada, y recordó cada detalle de sus pacientes como si no hubiera pasado el tiempo. Siempre se nota la vocación en estos detalles. Y que nos rebeló el gran acto que hicieron Joaquín Romero y su esposa Dolores Lagares para el avance del tratamiento renal.

A los enfermeros de diálisis Sebastián Ponce, Chano, y Cristina Muñoz que no solo se implicaron desde el principio con el proyecto sino que me hicieron conocer la realidad de una unidad de hemodiálisis.

También a los doctores del Hospital Puerta del Mar de Cádiz, la nefróloga Teresa García, que no solo nos contó todo el proceso de Luis sino que nos abrió su corazón; el nefrólogo Carlos Narváez, que me sumergió en la importancia de poder acceder a la diálisis; y el urólogo de trasplante, Juan Soto, que me ofreció una clase magistral.

Mi agradecimiento a los profesores Rosario Gil, Charo, que incluso pudo aportar material gráfico, fotografías de Luis y sus compañeros cuando eran pequeños, para que me hiciera una idea de cómo era en ese tiempo, y Jesús Bejarano, por su tiempo.

Han sido también imprescindibles los amigos de Luis; Alberto Salado, Carlos Ragel, Jesuli González, Juamna Alcántara, Vicente Rodríguez que no solo me han contado eso que los sanitarios de Luis no sabían sino cosas que ni el propio protagonista había sido consciente de haberlas vivido a lo largo de tantos años. Y el testimonio de su compañera de trabajo, que también amiga, Pepa Jiménez.

También han sido la voz de la historia de Luis sus familiares. Sus tías Angelita y Mari, sus tíos Antonio y Momo, que me han podido explicar detalles de antes de que naciera Luis, cómo vivieron su nacimiento y todo lo que vino después, incluso con lágrimas en los ojos. Sus primas y cómplices, María y Rocío, y su primo Juanlu, que le acompañaron en la infancia y adolescencia y me sirvieron para ver cómo se intentó normalizar todo en la familia.

Para esa primera parte de la vida de Luis también ha sido fundamental la aportación de los compadres de los padres de Luis, Natalia y Paco, que me han enseñado a ver a Antoñita y a Juan como unos padres jóvenes a los que la vida no les dejó elegir y tuvieron que aprender sin manual de instrucciones cómo sobrevivir y ser felices con un niño enfermo.

Pero los más esenciales han sido los que han vivido en casa la enfermedad de Luis; sus padres, sus hermanos y su cuñada, Ana Mari. Antoñita mostrándonos su sensibilidad y dureza a la vez, Juan como pilar fundamental, Juan Antonio que expresaba más con su gesto, sus lágrimas y sus silencios, que con sus palabras, Carmen con su dulzura y modestia y Ana Mari, que, aunque no durmió la noche anterior a la entrevista de los nervios, fue clara y trasparente en sus recuerdos, una Rodríguez más.

Este libro no hubiera sido posible sin la confianza del alcalde de Chiclana, José María Román, que apoyó el proyecto desde el principio, sin su mano derecha, Fabián Santana que nos invitó a ser más ambiciosos, Fermín Lobato que tras casi dos horas en el teléfono nos dio un nombre, como la persona más adecuada para editar este libro, un nombre que corroboró Alejandro Medina R. Gracias, cómo no, a Carmen Moreno por embarcarse en este proyecto, nada fácil, con una periodista que no escritora, con su primer deseo literario en la cabeza.

Por último, este libro no sería lo que es si mi padre, Ramón Sánchez-Gey Venegas, no hubiera sufrido una enfermedad crónica como es la enfermedad renal. Por eso quiero recordar a cada una de las personas que nos han ayudado a él y a mi familia en el duro proceso de la enfermedad. Sobre todo al área de diálisis del Hospital de Puerto Real; a los doctores Rosario del Castillo, María del Carmen Hernández, César Remón y Fernando Vallejo, y a las enfermeras Amalia y Mercedes Tejuca y a Esther Salces, que han sido para mi familia mucho más que eso. El urólogo Manuel Romero, los doctores María del Carmen Mínguez, Enrique Aznar, la nefróloga Teresa García y Antonio Moreno, y a los enfermeros que cuidaron de mi padre durante el aislamiento cuando nosotras no podíamos ni acercarnos. Nunca me olvidaré al enfermero Javier que bajó a comprar un calentador porque se había roto la calefacción central y papá tiritaba de frío.

A mi madre, Felisa Valenzuela Rebollo, que ha sido la mejor enfermera posible, no solo en lo médico sino siendo un apoyo incondicional para toda familia y no dejando nunca que mi padre perdiera el ánimo. A mis hermanas, Mercedes e Irene Sánchez-Gey Valenzuela, y mi cuñado, José Bañeres, no puedo contabilizar cuántas veces hicieron el camino Sevilla-Cádiz ni cuántas noches dormimos entre sillas de la sala de espera e incómodos butacones de habitaciones hospitalarias. Inolvidable el día que comimos las uvas alrededor de la cama de mis padres porque papá ya se había enganchado a su máquina de diálisis.

Nunca habría sido capaz de tener la osadía de aceptar este ambicioso proyecto sin el apoyo de mis compañeros de profesión, Carlos Cachafeiro, Elena Ortega y Laura Cárdenas que no me dejaron decir que no ante tal ofrecimiento.

Por último, no puedo dejar de mencionar la ayuda incondicional y sobre todo la confianza ciega de mi marido y compañero, José Miguel Burgos Villanueva, que incluso en los momentos de cansancio ha estado ahí, para impedirme tirar la toalla, con su frase «eres la mejor».

Pero este libro no es solo mío. Es también de una personita que ha estado presente en cada momento del proceso, desde las previas del mes de mayo de 2017, las entrevistas que comenzaron en junio hasta la entrega del borrador en enero de 2018. Basta hacer las cuentas para ver que han sido nueve meses en los que Mar me ha acompañado en cada día de escritura, en la elección de cada palabra, incluso en las lágrimas que han rodado al escuchar contar a Antoñita cómo fue su parto y sobre todo lo que sufrieron los dos primeros años de la vida de Luis, sus miedos y sus incertidumbres. Gracias, Mar, por estar ahí, dentro de mí, en mi útero, y por hacerme entender que a pesar de las náuseas, las bajadas de tensión, la ciática y las ardentías este libro merecía todo esfuerzo para que el día de mañana estuvieras orgullosa de tu madre.

Para terminar, gracias a todos aquellos que luchan a diario por cada trasplante en especial a las asociaciones de trasplantados, a José Pérez Bernal, a la organización nacional de trasplantes, a todos los médicos y sanitarios que intervienen en el proceso. Y por último y en especial a los donantes y sus familiares que hacen posible la maravilla de dar de nuevo vida a los enfermos y no solo a ellos sino también a sus familias. Gracias, muchas gracias.

Por todo esto, y mucho más, gracias, Luis.

Agradecimientos de Luis

Siempre me dijeron que podía hacer de mi vida un libro, yo no lo tomaba en serio, pero ya al saber que mi hermano mayor se estaba haciendo las pruebas para el 5º trasplante me hizo pensar muchas cosas entre ellas, lo del libro, lo que tantas veces me decían, pero creo que ahora sí, es el mejor momento. Cuando supe que estaban interesado en escribirlo no me lo creía, la alegría era inmensa y también satisfacción ya que le vio que de todo punto negativo hay que sacar algo positivo, ya que con este libro lo que se puede aportar, como luchando y confiando todo llega, quisiera que este proyecto vaya dirigido para toda aquella persona que necesite motivación para seguir adelante y que por suerte (mala) esté pasando una situación médica complicada, ayudarles a que nunca hay que rendirse, todos tenemos malos momentos, pero al final el que tiene que salir a flote eres tú y no hay mejor manera que la motivación por querer llegar al camino perfecto. Por suerte siempre fui fuerte de mente y todo me lo tomaba bien, creo que estar desde que tengo conciencia con los riñones dañados hizo que siendo un niño ya tuviera que ser fuerte y que no me derrumbara ante nada, así fue, es y será, porque aunque esté trasplantado de nuevo esto no para y entre todos tenemos que ayudarnos, mi manera es este libro y deciros que salgáis con la cabeza bien alta a la calle y siempre una sonrisa, que aunque no tengáis ganas en ese momento, una sonrisa cura y sana muchas cosas. ¡Gracias y disfruten de la vida!

Y no podía acabar sin unas palabras de agradecimiento a todo el equipo de nefrología del Hospital Infantil Virgen del Rocío, a médicos enfermeros/as y auxiliares; al Dr. Ceballos, quien, bético como yo, siempre me veía en consulta; al Dr. Bedoya, al que le gustaban las bromas como al que más. Aún recuerdo cuando me hizo la de las muñecas de famosa…. Dr. Moreno, Dra. Julia Fijo, Dra. Ana Sánchez. A los enfermeros/as Paco Carvajal, Antonio Sánchez, Encarna, Mamen, Concha, Charo González y a las auxiliares Margarita, Puri, Emilia, Rosa, Loli Carrasco y un largo etc… Sin olvidarme de todo el equipo de Nefrología y Urología del Hospital Puerta del Mar de Cádiz, especialmente Dra. Auxi Mazuecos y Dra. Teresa García, al urólogo D. Juan Soto, a los enfermeros Ana Vila y José Antonio por hacer tanto en los 4 días de aislamiento en los trasplantes, a todos y cada uno de ellos les tengo un gran cariño y mucho que agradecer, ya que sin ellos este libro no estaría entre sus manos.

ESTE LIBRO SE TERMINÓ DE IMPRIMIR

EN NOVIEMBRE DE 2024.

Índice

Prólogo 9

Introducción 13

Luis 15

El origen de todo..21

Y llegó el día 25

El tratamiento en Sevilla 33

Vivir entre Cádiz y Sevilla......................................37

La enfermera Charo y el inicio de la diálisis................43

Pero la vida sigue en Chiclana 61

Juan Antonio, el hijo mayor 65

El inicio de la diálisis 71

La aventura del colegio 81

Y llegó el primer trasplante 89

El verano 99

La segunda oportunidad......................................109

Retomar la vida tras el segundo fracaso 117

La temida diálisis 123

La nueva vida..141

Soy uno más 153

De nuevo, atado a una máquina............................167

Keko 179

Su hermana Carmen..185

El declive y una balsa en el océano 189

La nefrología como vocación 197

Que una madre te done un riñón 203

La oportunidad que llevaban años esperando 211

Cinco años, sesenta meses, en hemodiálisis..................... 219

Más que un hermano.. 223

Como una hermana más 233

El quinto trasplante.. 237

El nuevo Luis.. 245

Un tiempo de vida regalado 251

Epílogo.. 261

Agradecimientos.. 267

Agradecimientos de Luis... 273